Familien-Reiseführer
GRAN CANARIA

Gran Canaria

Zu einem familienfreundlichen Strand gehört auch ein toller Spielplatz

Die tollsten Attraktionen für Kinder

Steinige Küste und ein Fischrestaurant: Playa de Tasarte (S. 26)

Gut zu wissen

Die größte Planschanlage Gran Canarias: Aqualand (S. 86)

Was Sie wissen sollten

Diese Zeichen und Symbole begleiten Sie durch das ganze Buch:

Die Minikarte von Gran Canaria mit dem dicken roten, grünen oder blauen Punkt zeigt Ihnen auf einen Blick, an welchem Ort sich die jeweilige Attraktion befindet.

Infos zur Region oder spezielle Empfehlungen für die Eltern gibt's in den grünen Kästen.

In den orangefarbenen Kästen stehen tolle Tipps oder Geschichten für Kinder.

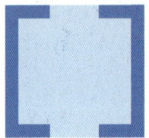

Regionale kulinarische Genüsse oder ein Restaurant, in dem auch Ihre Kinder auf ihre Kosten kommen, finden Sie in den blauen Kästen.

Unser Autor Gottfried Aigner ist ausgezeichnet: Sein Familien-Reiseführer Italienische Adria wurde von ENIT, dem italienischen Fremdenverkehrsverband, bereits als bester deutschsprachiger Italien-Reiseführer gewürdigt. Seit mehr als 30 Jahren besucht er auch die Kanarischen Inseln. Er kennt ihre Unterschiede und tut sich schwer, auf die Frage, welche er am meisten schätze, eine klare Antwort zu geben – jede Insel hat ihren eigenen Charakter. An Gran Canaria liebt er vor allem die bizarre Bergwelt mit ihren Heiligtümern der Altkanarier und die auffallende Liebenswürdigkeit der Menschen, denen er auf Wanderungen begegnet.

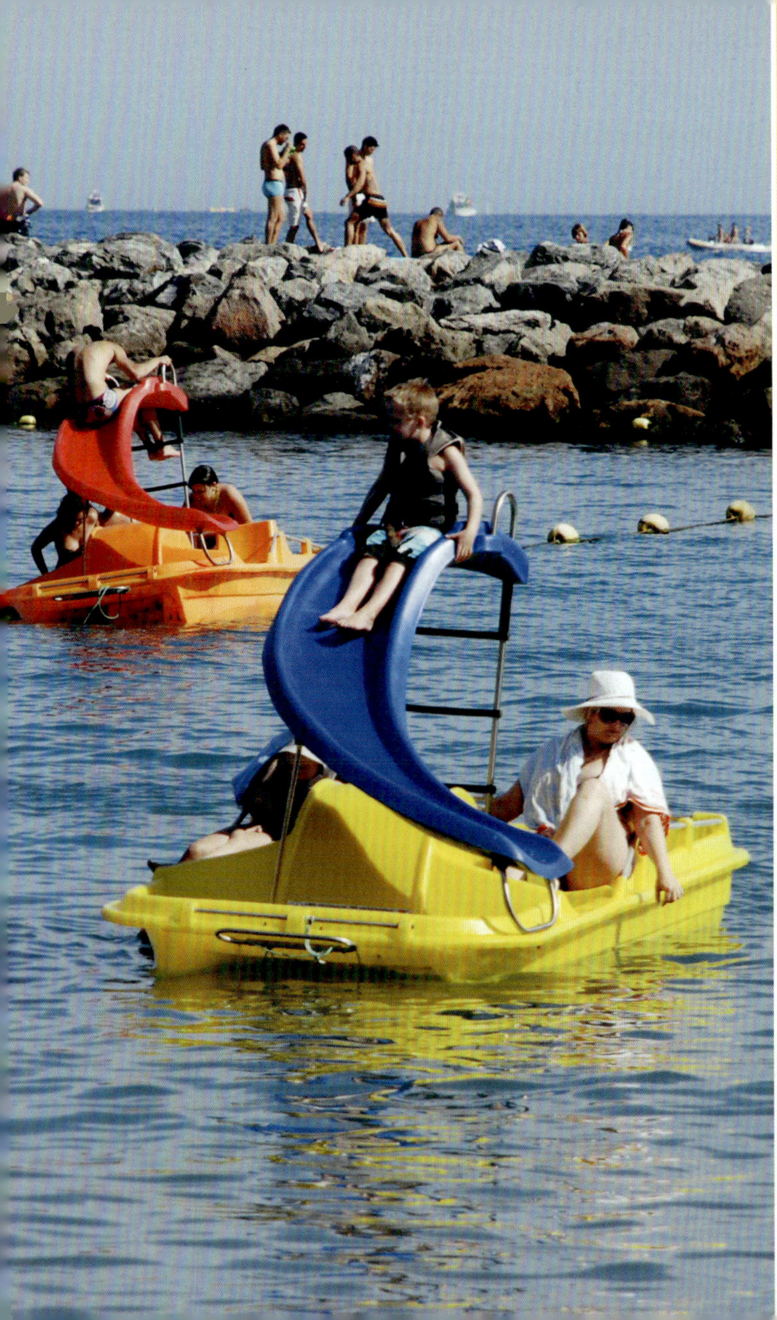

GRAN CANARIA FÜR ELTERN UND KINDER

Gran Canaria entdecken

Sonne, Sand und Meer haben Gran Canaria zu einem ganzjährigen Urlaubsziel gemacht. Mehr als 90 Prozent der Urlauber buchen den Süden, das Strand-Dorado. Um genügend Betten zu bieten, wurden Betonwüsten in den Sand gestellt, im Südwesten sogar ganze Berghänge mit Wabenapartments zugebaut. Doch dieses „Opfer" bezieht sich inklusive der Produktion von Tomaten und Bananen nur auf rund zwei Prozent (!) der 1.560 qkm großen Insel. Das übrige Land besteht aus Bergen und Schluchten. Im Norden, wo es häufiger regnet, erstrecken sich große landwirtschaftliche Flächen auf grünen Terrassen.

Wer auf Ausflügen oder Wanderungen die Insel entdecken will, bekommt jeden Augenblick neue Geschenke für Augen und Seele. Allein die Flora begeistert den Naturliebhaber mit Drachenbäumen, Wolfsmilchgewächsen und bis zu 300 Jahre alten Kanarenkiefern (siehe Kap. „Flora & Fauna", S. 117). An jeder Ecke warten neue Farberlebnisse: Gelb leuchten die Blüten des Sauerklees aus grünen Kissen und auf langen Stielen die schweren Blütenbüschel der Gänsedistel, roter Klatschmohn wedelt am Straßenrand und rot sind auch die Blüten der riesigen Geranienbüsche, blau oder purpurrot der Wegerichblättrige Natternkopf.

Charakteristisch für die kanarische Landwirtschaft: terrassenförmige Felder

Der kanarische „Sound"

Sobald es hinaufgeht, werden auch die Orte freundlicher und romantischer, hier verliert sich die Hektik des Südens, ist in der Stille das Rauschen des Windes zu hören und das „kikiki" des Turmfalken oder das „zizi zirr" der Blaumeise, das Klopfen des Buntspechts. Auch die Menschen haben draußen ihre Freundlichkeit bewahrt, haben noch Zeit für ihre Vergangenheit, pflegen das Erbe der Ureinwohner, der **Guanchen**, deren Blut noch in ihren Adern fließt. In den Terreros treffen sich jedes Wochenende die starken Männer, allmählich auch Frauen, zur **Lucha Canaria**, dem Ringkampf der Guanchen (siehe Kasten links).

Wer den Strand verlässt, begegnet nachgebauten Guanchendörfern, Höhlengräbern und Kampfstätten, wo sie sich gegen die spanischen Eroberer wehrten (siehe u. a. Tour 4). Ganz im Norden, in Gáldar, dem ehemaligen Sitz eines Guanarteme (Königs), wurde eine ganze Siedlung freigelegt und die Cueva Pintada, die bemalte Höhle, gerettet. In der Nachbarschaft, im Cenobio de Valerón, kann man in den Felsen geschlagene Getreidespeicher der Altkanarier besichtigen (siehe Tour 10).

Höhepunkte in jeder Hinsicht bietet die abenteuerliche Inselmitte, wo nachzuspüren ist, dass dieses Eiland von Vulkanen geboren wurde. Markant ist

Vulkanschlot – was bitte schön ist das?

Das Bergland von Gran Canaria ist Urland. Diese Inselteile wurden durch tektonische Schübe aus dem Atlantik hochgedrückt. In den sich in den Himmel erhebenden Vulkanen strömte die heiße Lava durch Schlote nach draußen. Doch zähflüssiger Phonolith bildete in der Röhre Widerstand, verstopfte den Vulkanschlot und beendete den Ausbruch. Danach erstarrte der Phonolithkegel. Durch die Kraft von Wind, Sand und Regen erodierte die weichere Außenschicht der Vulkankegel im Lauf der Jahrtausende. Geblieben sind die kaminartigen Kerne der Vulkane, harte Laven aus Trachyt, Basalt und Phonolith. Obwohl die Röhren der Vulkane, die Schlote, eigentlich nicht mehr vorhanden sind, bezeichnen die Geologen den harten Lavarest trotzdem als Vulkanschlot, was den Laien ein wenig wundern mag.

beispielsweise der **Roque Nublo**, ein durch Erosion freigelegter Vulkanschlot (siehe Kasten oben). Der Pico de las Nieves sagt schon mit seinem Namen (span. nieves: Schnee), dass sich die Ausflügler dort oben gegen Kälte schützen müssen. Der dritte Riese in diesem Gebiet, der **Roque Bentayga**, führt uns nicht nur in die Urgeschichte zurück – auch er ist ein erodierter Monolith –, sondern in die Geschichte der **Guanchen**, hier ehrten sie ihren Gott Arcoran und flehten um Regen (siehe Tour 7).

Wasser, Wind und „Wolkenmelker"

Auf der Fahrt zurück in den Süden sind schon von Weitem die langen Sandstrände zu sehen. Bald auch die Dünen, die an das nur 210 Kilometer entfernte Marokko erinnern. Doch nicht von dort stammt der Sand, er ist „hausgemacht": Wind und Wellen haben Sedimente und Muschelschalen zu glitzernden Körnern zerrieben, und wo der Sand grau ist, hat er sich mit fein zerbröseltem Vulkangestein gemischt.

Bald sind auch schon die Wellen zu sehen. Überhaupt wird an den Ufern der Insel der Wassersport großgeschrieben: reiche Tauchgründe, gute Wasser- und Windverhältnisse für Segler und Kitesurfer. Im Norden an den wilden Küsten sind auch Wellenreiten (mit Brett) oder Bodysurfen, der Kampf mit den Wellen ohne Hilfsmittel, sehr angesagt. Von der Küste starten Boote und Katamarane, um Touristen die bizarre Felsenküste zu zeigen, die Schluchten, die sich von weit oben allmählich verbreitern und ins Meer münden (siehe Tour 6). Die Schiffe fahren auch zu den Gründen, in denen sich Familien der Delfine und Wale tummeln. Und wer auf das Mietauto verzichten will, der lässt sich per Jeep in die Felsenwelt entführen mit Rast an einem der vielen Stauseen, umringt von den „Wolkenmelkern", hohen Kanarenkiefern, an deren langen Nadeln die Passatwolke kondensiert und so wichtigen Niederschlag in den Boden der Insel transportiert (siehe Tour 5).

Was Eltern wissen sollten

Urlaubswunsch Nummer eins für Eltern mit Kindern ist Wohlbefinden und Sicherheit aller. Zum Wohlbefinden gehört eine gemütliche Unterkunft, für die Kinder Spielecken und Miniclub, für alle ein ausreichend großer Poolbereich. Außerdem ein Strand mit feinem Sand und sanftem Einstieg ins Wasser. Ferner soll die Luft rein und frisch sein, das Badewasser sauber und ohne Keime. Empfehlenswerte Hotels für Familien sind in der Rubrik „Unterkünfte" auf S. 104 zu finden, garantiert saubere Strände mit guter Infrastruktur, ausgezeichnet mit der **Blauen Flagge**, im Kapitel „Kinderfreundliche Strände" ab S. 18. Doch auch dann kostet es manchmal noch viel Mühe und Überzeugungskraft, die Kinder vor Gefahren im Wasser und durch die Sonne zu schützen.

Wind und Wellen

Nicht alle Wasserratten wollen sich mit einem Fußbad oder einer Wasserschlacht am Rande des Meeres begnügen – sie wollen schwimmen. Gefährliches Meer durch hohe Wellen und tückische Unterströmungen gibt es vor allem in den Wintermonaten. Zudem muss man bei der Urlaubsplanung wissen, dass die Wintermonate auf Gran Canaria zwar angenehme Lufttemperaturen bieten, aber das Wasser oft noch zu kühl ist, um ein ausgiebiges Bad zu nehmen. 18 oder 19 Grad Wassertemperatur ist für viele Kinder, auch für manche Erwachsene, einfach zu kühl, also kommen die Monate Januar bis Mai nicht in Frage, andererseits sind diese Monate für Wanderer und Strandläufer ideal, die Lufttemperatur beträgt 21 bis 23 Grad

Ein schöner, sauberer Strand macht den Familienurlaub vollkommen

Celsius. Das Wasser erreicht diese angenehme Temperatur dann auch zwischen Juni und Dezember.

Baden mit Gütesiegel

Vor allem der Süden Gran Canarias beglückt Familien mit Kindern durch weite Sandstrände, die flach ins Wasser abfallen. Werden sie dann auch noch mit dem Gütesiegel „Blaue Flagge" ausgezeichnet, sind die Ansprüche an einen perfekten Badeurlaub erfüllt. Doch auch im nordöstlichen Gebiet Richtung Metropole Las Palmas sind ein paar ausgezeichnete, bei Urlaubern weniger bekannte Playas zu finden. So war die in Zuammenarbeit mit der europäischen Institution FEE (Foundation for Environmental Education) vergebene Auszeichnung ein wesentliches Kriterium für unsere Empfehlungen im Kapitel

Die magische Anziehungskraft des Mondes

Auch wenn der Mond weit weg ist, beeinflusst seine Anziehungskraft die ihm zugewandten Meere der Erde: Sie türmen sich zu Wellenbergen hoch, das ist die Flut. Auf der anderen Seite zieht sich das Wasser zurück, dann ist dort Ebbe. Doch weil sich der Mond um die Erde und mit ihr gleichzeitig um die Sonne dreht, kommen Flut und Ebbe nicht regelmäßig zur selben Zeit. Also gibt es einen **Gezeitenkalender**, *der zeigt, wann das Bad im Meer gefährlich sein kann. Gezeitenkalender werden in jeder Tageszeitung veröffentlicht, im Internet unter www.gran-canaria-aktuell.com. Ein Tipp für die jungen Schwimmer, die das Bad im Atlantik nicht missen wollen: In der Zeit zwischen dem niedrigsten und dem höchsten Pegelstand ist das Baden ungefährlich.*

Unten heiß, oben kalt

Um die frische Bergluft und bizarre Landschaft zu genießen, muss ein Ausflug „nach oben" unbedingt sein. Am Strand, bei angenehmen Temperaturen, führt bei der Vorbereitung oft der Leichtsinn die Regie. Doch oben herrschen vielfach Kälte und Wind. Also, trotz Protest: keine leichten Hemden und Blusen, keine Shorts und Sandalen. Das ist die Vernunft: Windjacke, Pullover, festes Schuhwerk, lange Hosen und eine Kopfbedeckung, im Rucksack natürlich ausreichend Sonnenschutzmittel und Wasser. Berg heil!

„Kinderfreundliche Strände" (ab S. 18). Acht Strände wurden mit der Blauen Flagge ausgezeichnet: Playa de la Laja (siehe S. 20), 5 Kilometer südlich der Inselhauptstadt, Playa de Melenara (siehe S. 20), östlich von Telde, 20 Kilometer südlich Las Palmas, dann fast nahtlos hintereinander Playa de San Agustín, Playa del Inglés, Playa de Maspalomas (siehe S. 21) und hinter dem felsigen Hotel-Dorado Meloneras die neue Playa de las Meloneras (siehe S. 23), weiter westlich bei Puerto Rico die Playa de los Amadores (siehe S 25) und schließlich die Playa de Mogán (siehe S. 26). Dafür müssen 32 Kriterien erfüllt sein, u. a. im Bereich des Umweltschutzes, der Wasserqualität, der Sicherheit und des Serviceangebots. Dort gibt es also Strandwächter, Rettungsschwimmer, Rotes-Kreuz-Stationen, Toiletten, Duschen, Mietmöglichkeit von Sonnenschirmen und Liegen etc.

Sicherheit an den Stränden

Strände ohne Rettungsschwimmer und Rotes-Kreuz-Stationen infomieren die Badegäste mit Flaggen. Grüne Flagge: keine Gefahr, gelbe Flagge: nur geübte Schwimmer sollten ins Wasser gehen, rote Flagge: absolutes Badeverbot. Achtung: In manchen Gemeinden gibt es hohe Bußgelder bei Missachtung der roten Fahne.

Vor allem die Strände im Süden gehen sanft in das Meer über, ein Plus für kleine Kinder, die noch nicht schwimmen können. Jedoch müssen die Erwachsenen ein besonders scharfes Auge auf die **Gezeiten** werfen. Beim Wechsel von Flut zur Ebbe ist die Sogwirkung des ablaufenden Wassers besonders stark, eine Gefahr für im seichten Wasser spielende Kinder und für draußen schwimmende Badegäste, die das Ufer erreichen wollen, denn der Sog zerrt an den Kräften und ist gefährlicher, als man glaubt (siehe auch Kasten, S. 10).

Vorsichtige Sonnenanbeter

Vernünftige Verhaltensregeln bei starker Sonne wie ausreichender Schutz gegen die UV-Strahlung und die Zeitlimits

vor allem während der ersten Urlaubstage sollten von jedem Urlauber ernst genommen und beherzigt werden. Entsprechende Ratschläge finden Sie im Kapitel „Gut zu wissen" im Kasten auf S. 102. Die wichtigste Regel für die richtige Planung des Familienurlaub-Alltags: Zwischen 11 und 15 Uhr ist die schädliche Strahlwirkung der Sonne am stärksten, in dieser Zeit ist Schatten der richtige Platz für Spiele, Siesta, einen kleinen Snack oder eine Lesestunde. Die zweite Regel, vor allem für Kinder, Hellhäutige und Glatzköpfe: Kopfbedeckung und auch Nackenschutz sind Pflicht. Was manche Erwachsene nicht wahrhaben wollen: Der Sonnenstich kommt meistens durch einen der Sonne zu lange ausgesetzten Nacken!

Auch auf bewachten Stränden ist Vorsicht das größte Gebot

Eine leichte Kopfbedeckung mit Nachenschutz hält die kleinen Urlauber munter

Bei kleinen Kindern kommt hinzu, dass die noch sehr empfindliche Haut bei längerem Spiel in der Sonne mit einem Hemdchen geschützt werden muss. Geht doch etwas schief oder hat die Familie gefährdete Menschen mit im Kreis: Die ärztliche Versorgung auf Gran Canaria ist gut, an der Hotelrezeption oder bei der Touristeninformation gibt es Adressen bewährter Kliniken und Ärzte.

Kinderalarm im Club

Wie glücklich können Kinder sein, wenn sie im Club mit Gleichaltrigen toben und tanzen können – auch über Sprachgrenzen hinweg. Ferienhotels, die solche Kinderanimationen bieten, sind seit eh und je sehr beliebt. Die meisten der zwölf ausgewählten Hotels oder Apartmentanlagen (siehe Kap. „Gut zu wissen", „Unterkünfte", S. 104) haben Miniclubs für verschiedene Altersklassen mit geschulten Erziehern (im Preis inbegriffen). Manchmal gibt es sogar Kinderbüfetts, entsprechende ergonomische Möbel und um die Manieren beim

Abendessen kümmern sich die jungen Ersatzeltern. Für die ganz kleinen Urlauber wurden inzwischen auch Hochstühle zur Selbstverständlichkeit, und wenn die Frechdachse vor lauter Wohlsein mit dem Löffel in die Pampe patschen, gibt es auch keine bösen Blicke.

Eine Nummer für sich sind die Babydiscos. Anfangs kann man sich nicht vorstellen, wie sich die vom Tagesablauf strapazierten Racker dort vergnügen wollen. Doch die meist weiblichen Animateure haben ein bewundernswertes Geschick, auch die anfangs genierten Discogänger für Bewegungsspiele und Ringelreihen zu begeistern.

Diese Großzügigkeit gegenüber lebhaften Kindern ist übrigens auf Gran Canaria auch in Restaurants zu finden. Dort müssen Eltern oder Großeltern auch nicht gleich maßregeln, wenn ein Glas umkippt oder die kleinen Neugierigen einen Spaziergang durch das Lokal unternehmen. Die Canarios nehmen das mit ihrer kanarisch-südländischen Gelassenheit schmunzelnd hin.

Kleiner Sprachführer

Allgemein:

sí/no – Ja/nein
gracias – Danke
buenos días – Guten Morgen
buenas tardes – Guten Tag
buenas noches – Guten Abend
hasta la vista – Auf Wiedersehen
Me llamo ... – Ich heiße ...
¿Cómo llego a (al, a la) ...? – Wie
komme ich nach (zum, zur) ...?
¿Cuánto es? – Wie viel kostet das?
¿Qué hora es? – Wie spät ist es?
¿Habla Usted alemán? –
Sprechen Sie Deutsch?
¡No le comprendo! –
Ich habe nicht verstanden
Cómo estás? – Wie geht es Ihnen?
Bien, gracias – Danke, gut
¡Dispence Usted! –
Entschuldigen Sie
¿Cómo se llama Usted? –
Wie heißen Sie?
¡La cuenta, por favor! –
Die Rechnung, bitte!
¿Tienen habitaciones libres? –
Haben Sie Zimmer?
habitación individual/doble –
Einzel–/Doppelzimmer
desayuno – Frühstück

Kulinarisch:

agua mineral – Mineralwasser
con/sin gas – mit/ohne
Kohlensäure
asado – Braten
atún – Thunfisch
bistec – Beefsteak
bocadillo – belegtes Brot
cabra/cabrito – Ziege/Zicklein

calamares – Tintenfisch(ringe)
carne – Fleisch
de cerdo – Schweinefleisch
de vaca – Rindfleisch
cazuela – Fischeintopf
chuleta – Kotelett
conejo – Kaninchen
cordero – Hammel
ensalada – Salat
entremeses – Vorspeisen
escalope – Schnitzel
flan – Karamellpudding
fresas – Erdbeeren
fruta – Obst
gambas – Krabben
helado – Speiseeis
hielo – Eiswürfel
huevo – Ei
jamón – Schinken
jugo/zumo de naranja –
Fruchtsaft/Orangensaft
langostinos – Riesengarnelen
mantequilla – Butter
merluza – Seehecht
naranja – Apfelsine
pan – Brot
papas, patatas – Kartoffeln
pescado – Fisch
pimiento – Paprika
plátano – Banane
pollo – Hähnchen
postres – Nachspeisen
queso – Käse
salchicha – Würstchen
salmón – Lachs
sandía – Wassermelone
sopa – Suppe
verduras – Gemüse

Essen & Trinken

Das gibt es nur auf den Kanaren

Drei kulinarische Köstlichkeiten sind aus der kanarischen Küche nicht mehr wegzudenken. Schon die Guanchen hatten die kalorienreiche Würze gekannt, die kanarischen Köche haben sie mit Beginn des Tourismus neu entdeckt: Gofio ist ein Mehl aus geröstetem Weizen, Gerste und Mais (siehe Kasten S. 16). Die nächste Köstlichkeit sind Papas arrugadas. Die Kartoffeln (papas) lässt man auf kleiner Flamme in Meerwasser köcheln, bis sie mit einer Salzkruste überzogen und runzelig (arrugadas) sind. Sie werden mit der Schale gegessen und in Mojo, eine pikante Soße, getunkt: Paprika, Knoblauch, scharfe rote Peperoni, grobes Meersalz, Essig und Öl sind die Basis. Mojo verde werden klein gehackte Petersilie oder Koriander beigefügt, Mojo picón ist eine Variation mit Safran und zerstoßenem Kümmel.

Plädoyer für das Büfett

Beim Besuch eines typischen Dorflokals oder in einem echten kanarischen Stadtrestaurant beginnen häufig schwierige Diskussionen am Tisch. Viele Kinder schüttelt es bei dem Gedanken, Fleisch von putzigen Kaninchen oder süßen Zicklein zu verspeisen, und abwechslungsreiche Alternativen für den europäischen Kindergaumen gibt es kaum. Problemlos ist der Urlaub hingegen, wenn die Familie ein Apartment mit Küche hat, also vorwiegend selbst kocht, oder einen Hotelaufenthalt mit Halbpension bzw. „alles inklusive" gebucht hat.

Die Büfetts in den von uns empfohlenen Familienhotels (siehe Kap. „Gut zu wissen", „Unterkünfte", S. 104) sind längst auf die Wünsche der Kids eingestellt. Die Reihe mit Pastaterrinen ist immens, auch Pizza und Pommes gibt es. Und wenn die Mädchen und Jungen dann auch noch sich selbst bedienen können, tragen sie sowieso allerlei Unmögliches, vorher Abgelehntes, mit stolzer Haltung an den Familientisch. Schließlich schafft die Süßspeisenabteilung zur Abrundung vollste Zufriedenheit.

Deftiges in Kneipen

Probleme mit Kindermenüs gibt es also fast nur beim Ausgehen. Andererseits lernt man ein Stück Kultur der Insel in den Restaurants kennen, die auch von Einheimischen besucht werden. Immer mehr Wirte ersparen sich die Quengelei, indem sie auch Pommes und Pizza auf dem Speisezettel stehen haben. Oder sie verweisen auf ihre Tapasauswahl, da ist immer etwas für schwierige Jungesser zu finden (siehe Kasten links).
Bei erwachsenen Feinschmeckern wird beim Conejo, einem Gericht aus Kaninchenfleisch, der Mund wässerig. Die Kinder können alternativ Pasta oder Hähnchen bestellen. Das Conejo en Salmorejo wird über Nacht in eine Marinade aus verschiedenen Gewürzen eingelegt, dann im Tontopf über Holzkohle geschmort. Noch ein Gericht, bei dem viele junge Esser die Nase rümpfen: Cabrito en Adobo ist Fleisch von junger Ziege, eingelegt in Wein mit Knoblauch und Kräutern, dann im Backofen geschmort.

Fantasia in Puchero

Den Puchero Canario sollten auch die jungen Urlauber einmal probieren. Es gibt viele Rezepte, die aufwendigste Variante enthält bis zu sieben Fleischsorten (mindestens Rind, Hammel, Schwein und Huhn), die zusammen mit Zwiebeln, Möhren, Tomaten, Kichererbsen und Salz gekocht werden. In der geseihten Brühe garen dann Maiskolben, Bohnen, Weißkohl, Kürbis und Süßkartoffeln. Gewürzt wird mit im Mörser zerdrücktem Knoblauch, Nelken, Pfeffer und Öl. Je nach Rezept kommen noch Kartoffeln hinzu, Safran und Chorizo, die spanische Paprikawurst.

Leckerer Fisch

Thunfisch gibt es fast überall, ein Glückstreffer jedoch ist, einen kanarischen Karpfen (vieja) serviert zu bekommen. Seezunge (lenguado), Buckelkopfbrasse (sama) und Seehecht (merluza) stehen oft auf der Karte, nur manchmal der deftige kanarische Fischtopf, die Cazuela de Pescado, auch Sancocho genannt. Bei der luxuriösen Variante gehört Bacalao, der gesalzene Stockfisch, dazu und die südamerikanische Batata (Süßkartoffel).
Kinder haben oft Angst vor Gräten, also bestellen Sie am besten Fischfilet. Folgende Fische schmecken auch den jungen Urlaubern: Hering (arenque), Kabeljau (bacalao), Seelachs (carbonero), Schellfisch (abadejo), Seehecht (merluza) und Makrele (caballa).

Schmeckt mir gut

Jedes lukullische Mahl wird mit einem typisch kanarischen Postre, dem Nachtisch, abgeschlossen. Spitze aller süßen Leckereien ist der Bienmesabe, auf

Süße Verführung: Marzipan- und Mandelgebäck in Tejeda

Das ultimative Kraftfutter

*Ursprünglich war **Gofio** eine Mischung aus Roggen und Wurzeln des Farnkrauts, später wurde Gerste die Basis, danach auch Weizen oder Mais. Das Getreide wird getrocknet, geröstet und gemahlen. Gofio sättigt enorm und die Canarios glauben auch an eine andere Wirkung des malzigen Mehls: „Gofio gibt uns die Kraft, die uns die Frauen nehmen." Es ist ratsam, am Anfang nur einen Teelöffel voll, aufgelöst in Fisch- oder Fleischsoße, zu probieren, sonst ist das Hauptgericht nicht mehr zu schaffen. Und soll einmal ein Schmächtiger ordentlich „gemästet" werden, ist Gofio genau das Richtige.*

Deutsch: „Schmeckt-mir-gut". Die Herstellung ist recht aufwendig: Zerhackte Mandeln werden in frisch gekochten Zuckersirup gegeben, dazu kommen süßer Malvasierwein (keine Sorge, der Alkohol verfliegt bei der Zubereitung), Honig, Ei, Zitrone, Feigenmus, alles verdünnt mit Milch und Eiweiß. Am besten schmeckt diese Leckerei aus Tejeda (siehe Tour 7, S. 65). Wer weniger auf Süßes steht, lässt sich die Käseplatte bringen. Der Reichtum an kanarischen Käsesorten ist überraschend. Kenner schätzen das eigene Aroma: rein, leicht säuerlich und etwas salzig. Übrigens: Ein Laib Käse als Mitbringsel erhält die Freundschaft (siehe auch Kap. „Einkaufen und Mitbringsel", S. 112).

Köstlicher Inselwein

Wein in Restaurants und Geschäften stammt häufig vom spanischen Festland. Den Rioja finden viele Kellner noch als sicherste Empfehlung. Zu Unrecht: Wein von den kanarischen Inseln, vor allem aus Teneriffa, hat einen sehr guten Ruf erlangt und die Auswahl köstlicher Tropfen vorwiegend aus Tacoronte und Tegueste ist enorm. Das gilt ebenso für die Lanzarote-Weine. Aber auch Weine aus Gran Canaria haben ihre Liebhaber, hauptsächlich sind die Klassifizierungen „Monte Lentiscal" und „Gran Canaria" vertreten. Wer Bier bevorzugt, findet alle deutsche Marken, aber auch spanisches Bier ist zu empfehlen.

Alternative für Kinder: frisch gepresste, gesunde Säfte aus tropischen Früchten.

Günstig und lecker

*Am Wochenende (Sa 8-20, So 8-14 Uhr) ist in San Mateo **Bauernmarkt**, ein Paradies für Selbstversorger. Dann öffnet neben dem Markt das **Restaurant Los Nogales** von 12 bis 16 Uhr seine Pforten.*

*Die familienfreundlichen Menüs inklusive frischen Früchten, Eis und Getränken sind sensationell: Erwachsene bezahlen € 11,99, Kinder (4-12 J.) € 5,99, Kleine Kinder (bis 4 J.) speisen gratis. An den übrigen Tagen (außer Mo) ist neben dem Markt das **Restaurant El Mercado** zu empfehlen, das preiswerte kanarische Gerichte anbietet.*

Außer Kinderfreundlichkeit gibt es noch andere Ansprüche, die Strände erfüllen sollten, beispielsweise Playas unter dem Wind für Surfer und Bodyboarder, Küsten für Taucher oder versteckte Buchten für Naturliebhaber und Familien, die Ruhe suchen. Deshalb machen wir eine Rundreise um die Insel und stellen Strände für jeden Geschmack vor.

Playa del Confital

Im Nordosten der Insel, nördlich der Hauptstadt, liegt auf der Halbinsel **La Isleta** das Heiligtum der Surfer, gleichzeitig ein Platz für Ruhesuchende: die **Playa del Confital**. Unter der Woche ist der vielfarbige Sandstrand fast menschenleer. Nur ein paar fanatische Surfer warten gespannt auf eine der besten Wellen Europas. Ein Erlebnis für die Surfer selbst wie auch für die bewundernden Zuschauer. Wer in **Las Palmas** verweilt, kann mal schnell einen Abstecher zum Confital-Strand machen, denn die Strandpromenade des Canteras-Strandes (siehe S. 19) wurde bis dorthin verlängert. Wer länger an der Playa bleibt, sollte hinter ihr einen Spaziergang auf den mit Höhlen gespickten vulkanischen Hügel unternehmen. 20 Minuten sind es zum Gipfelkreuz, dann erlebt man einen berauschenden Blick auf den Strand mit ein paar alten Fischerbooten, auf den Canteras-Strand und einen Teil der Metropole.

Anfahrt: *Autofahrer folgen ab dem Hafen dem Hinweis „La Isleta".*

Vergängliche Kunst: Sandskulpturen auf der Playa del Confital

Las Canteras

Einer der schönsten Stadtstrände der Kanaren ist in **Las Palmas** die Sandbucht **Las Canteras**. Badegäste, vor allem Familien mit

Der Strand von Las Palmas – nur für ein Sonnenbad zu empfehlen

Kindern, schätzen den Strand wegen der fehlenden Brandung, die vom etwa 400 Meter vorgelagerten Kalkriff La Barra abgehalten wird. Doch genau die fehlende Wasserbewegung sorgt für schnelles Wachstum von Keimen und Bakterien. Die Konzentration der Streptokokken im Badewasser zwischen der **Plaza de Saulo Torón** und **La Puntilla** veranlasste die Behörden mehrmals, an dieser Stelle mit Warnschildern auf die Gesundheitsgefährdung hinzuweisen. Und die FEE entzog Las Canteras nach 21 Jahren die Blaue Flagge. Ob die Stadtregierung sich erfolgreich um die lecken Stellen in der Abwasserleitung kümmert, wird in der Presse verfolgt, aktuelle Informationen gibt es unter www.islacanaria.net oder www.gran-canaria-aktuell.com. Zum Baden sollten Sie den südlichen Teil von Las Canteras bevorzugen, dort ist mehr Wasseraustausch garantiert, weil hier die natürliche Mole fehlt. Die nahe gelegene **Playa de las Alcaravaneras** ist keine ordentliche Alternative, weil die Nähe zum Jachthafen und zu ankernden Ausflugsschiffen häufig zu Verschmutzungen führt.

Playas de la Laja und Melenara

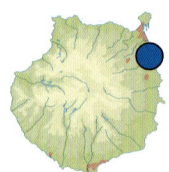

Als Ersatz bieten sich südlich der Hauptstadt gleich zwei saubere Möglichkeiten an (mit Blauer Flagge). Vom Las Alcaravaneras führt ein 5 Kilometer langer Fuß- und Radweg nach La Laja. Die **Playa la Laja**, ein schwarzer, 1,2 Kilometer langer Strand, ist wenig bekannt, vor allem am Wochenende von Einheimischen besucht und bei Surfern, Bodyboardern sowie Wellenreitern beliebt. Mehr Schutz vor Wellen und Strömungen bietet das nördliche Ende des Strandes in der Nähe der Felsen. Von dort aus ist man auch schnell im Vorort **San Cristóbal**, einem Fischerviertel mit preiswerten Fischlokalen am Steinstrand.

Die **Playa de Melenara** im Gemeindegebiet von **Telde**, 20 Kilometer südlich von Las Palmas, 30 Kilometer nördlich von Playa del Inglés, ist 270 Meter lang und etwa 80 Meter breit. Unter der

> ### Da stimmt noch die Atmosphäre
>
> *Zwischen der Bahía de Pozo Izquierdo und San Agustín liegt der kleine Fischerort* **Castillo del Romeral**. *Dort, wo die Fischerboote liegen, hat sich seit Jahren nichts verändert: Die Restaurants bieten garantiert frischen Fisch, sie sind preiswert, es gibt auch kleine Gerichte. Spezialität: mit Soße angemachter Gofio (siehe S. 16), dazu rohe Zwiebeln. Zu empfehlen sind:* **Cofradía de Pescadores**, *Avenida de la Playa s/n (So abends geschl.), und* **Estrella Marina**, *Avenida de las Salinas 92 (Mo geschl.).*

Playa de Melenara bietet einen schönen Zugang ins Wasser

Woche ist die hellbraune Sandbucht ziemlich menschenleer. Der Zugang zum Meer ist flach abfallend, der Strand aber ohne Schatten, also Sonnenschirme mitbringen. Es gibt einen abwechslungsreichen Spielplatz, auch für die ganz Kleinen, behindertengerechten Zugang und direkt an der Playa mehrere, gute Fischrestaurants und Imbissstände.

Anfahrt: *von Las Palmas und vom Süden auf der GC 1, Melenara Ausfahrt Salinetas. Playa de la Laja vom Süden Ausfahrt Jinámar/Marzagán. Anbindung von der Hauptstadt mit Buslinie 01 ab Busbahnhof San Telmo.*

Windige Küste für Surfer

Knapp sieben Kilometer südlich von **Arinaga** fängt am Südostzipfel der Insel auf zwölf Kilometer Länge zwischen der **Bahía de Pozo Izquierdo** und der **Punta de Tarajalillo** der richtige Wasserspaß an. Die Strandstreifen sind hier allerdings eng, teils felsig, und den „Normalurlauber" stören Wind und Brandung sehr. Ideal ist die Küste jedoch für Windsurfer, die hier ihre Spiele mit Wasser und Passat zu Höchstleistungen treiben. Bei internationalen Wettbewerben sausen die Könner sogar um die Südküste bis rüber nach Teneriffa.

San Agustín, Playa del Inglés, Maspalomas

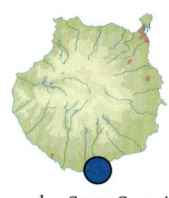

Richtiges Sandstrandleben, Erholung mit Sonne und Sand, beginnt erst südwärts um die Ecke, dort wo der Brausewind zur Brise wird, mit der Costa Canaria. **San Agustín** bietet sich als Erstes an mit kleinen, hintereinanderliegenden Stränden (670 Meter lang, 70 Meter breit) und einer relativ ruhigen, erholsamen Atmosphäre. Für die gepflegten Anlagen wurde sogar die Blaue Flagge verliehen.

Den mit EU-Sternen verzierten Wimpel erhielt zwar auch die anschließende **Playa del Inglés** (2,7 km lang, 50 Meter breit), doch „nur" für Sauberkeit und gepflegte Anlagen, denn die eng zugebaute Wasserfront geht nicht in die Wertung ein. Die Touristenhochburg ist das Ziel vor allem der jüngeren Generationen: Familien mit kleinen Kindern und

Jahrmarkt-Stimmung in Maspalomas

Traditionelle Jahrmärkte sind zwar nichts Ungewöhnliches, aber welches Kind vergnügt sich nicht gern auf Karussells, mit dem Minizug oder beim Ponyreiten, übt Grimassen vor dem Zerrspiegel und steuert schnurstracks auf den Eissalon zu? Wer im Quartier nur Bett und Verpflegung hat, findet in der **Holiday World** *ein Wellnesscenter mit Fitnessraum und mit Bowlinghalle (siehe Kap. „Sport", S. 123). Holiday World, Avenida del Touroperador Tuí s/n, 35100 Maspalomas, Tel. 928 73 04 98, www.holiday world-maspalomas.com. Vergnügungspark 18–24 Uhr, Eintritt frei, Fahrgeschäfte mit Wertmarken, Wellnesscenter ab 9 Uhr.*

Die Wanderdünen von Maspalomas sorgen für afrikanisches Wüstenfeeling

weniger geübte Schwimmer schätzen den breiten, sanft ins Wasser abfallenden Strand, die quirlige Jugend und Singles wiederum das ungebremste Nachtleben. Wer Ruhe sucht, sollte Unterkünfte in der Nähe der Shoppingcenter Kasbah, Metro und Plaza unbedingt meiden, hier gibt es trotz polizeilicher Kontrolle nachts keine Ruhe.

Der schönste Strandabschnitt im Süden ist die **Playa de Maspalomas**, ebenfalls mit Blauer Flagge (2,7 km lang, 75 Meter breit). Der Strand wird markiert durch einen alten Leuchtturm und glänzt mit seinen wunderschönen **Dunas de Maspalomas**: 25 Quadratkilometer „Sahara" mit bis zu zehn Meter aufgetürmten Wanderdünen. Kamelkarawanen als Touristengag (nur in Verbindung mit einer Jeepsafari, siehe auch S. 55) wollen Afrikastimmung zaubern, doch den Sand haben Wind und Meereswellen in Jahrtausenden von Sedimenten zu glitzernden Sandkörnern verwandelt. Durch Sturm wurde stellenweise Sand weggeschwemmt, dort geht der Einstieg ins Meer über Steine, besser zieht man hier Badeschuhe an. Alle drei Strände sind perfekt ausgestattet (Blaue Flagge),

Schwimmen macht hungrig

In der Nähe des Maspalomas-Strandes bietet das Restaurant **El Velero** *(C. C. Oasis, Local 32, direkt am Ufer, seit 1974, tägl. 11-22 Uhr) gute kanarische Küche zu moderaten Preisen, mit Fischtheke. Ein Familien-Schnäppchen bietet das Büfett* **Chino Tei Teng** *(C.C. Oasis, Local 14-16, tägl. ab Vormittag bis etwa 20 Uhr): „Essen so viel man will" gibt es für Erwachsene für € 6,88, für Kinder (ab 6 J.) für € 3,80. Nix wie hin, so lange der Vorrat reicht. Keine Angst, es wird immer wieder nachgefüllt.*

in ihrer Nähe gibt es viele Bars, Cafés, Restaurants und Kioske.

Anfahrt: Die Strände sind durch die Küstenstraße GC 500 miteinander verbunden, wer einen Mietwagen hat, sollte ihn aber lieber bei der Unterkunft stehen lassen, das Verkehrschaos und die Parkplatzsuche sind nervenaufreibend, die Busverbindung hingegen ist perfekt. Fußgänger bummeln auf dem Paseo Costa Canaria vom Osten San Agustíns bis zu den Dünen von Maspalomas, eine Promenade, die nach langer Vernachlässigung jüngst verschönt wurde.

> ## Wer raschelt im Sand?
> *Wenn es im Sand raschelt, sind es keine giftigen Tiere wie Schlangen, Skorpione oder Spinnen – die gibt es auf den Kanaren nicht. Aber es kann eine Eidechse sein, die ihre kleinen Fingerspuren hinterlässt. Durch die Nähe des Naturschutzgebietes La Charca und einer neu angelegten Brachzone mit Salzpflanzen (Halophyten) surrt schon mal ein Libellenpaar auf Hochzeitsreise vorbei.*

Playa de las Meloneras

Westlich des Leuchtturms von Maspalomas beginnt der gepflasterte, stark im Wind liegende **Paseo de las Meloneras** (Hüte festhalten!). Ursprünglich sollte das steinige Ufer in Sandstrand verwandelt werden. Doch es gab Widerstände und so blieb die schöne, schwarze Küstenlandschaft erhalten. Am westlichen Ende der Promenade liegt in vergleichbar karger Umgebung die **Playa de las Meloneras** (200 Meter lang und 30 Meter breit). Teils mit Kies, teils mit Sand bedeckt, liegt der Badeabschnitt, der bereits die Bedingungen für den Erwerb der Blauen Flagge erfüllt, vor einem neuen Centro Comercial mit Parkhaus, Bars, Cafés und Restaurants. Schatten gibt es kaum. Sonnenschirm und Badeschuhe sind am neuen Strand anzuraten. Bei Ebbe erreicht man das Wasser nur über grobe Steine.

Anfahrt: zu Fuß über die oben genannte Promenade, mit Fahrzeugen ab Maspalomas ausgeschildert.

Steiniger Strand am Ende des Paseo de las Meloneras

Go west ... nach Puerto Rico

Im Südwesten der Insel sind die Hänge vieler Barrancos (dt. Schluchten) brutal mit Wabenhotels zugebaut worden. Allerdings hat man sich bemüht, ein paar schöne Strände aufzuschütten. Beispielsweise im Ferienort **Puerto Rico**, dessen gut besuchter Strand (250 Meter lang, 90 Meter breit) durchaus kindergeeignet ist. Rundum werden viele Wassersportmöglichkeiten (auch Jetski und Parasailing) angeboten. Ruhe finden allerdings höchstens die Sportfischer weit draußen, die Puerto Rico als Ausgangspunkt für das Angeln

Wer viel Trubel mag, liegt auf dem Strand von Puerto Rico richtig

von Thunfisch, Hai und sogar dem Weißen und Blauen Marlin wählen.

Anfahrt: *Richt. Westen auf der Küstenstraße, hinter Puerto Rico/Amadores mit Überg. auf die GC 200.*

Playas de Tauro und de Taurito

Auf der Weiterfahrt Richtung Mogán sieht man fast an allen Wänden der engen Schluchten wabenähnliche Hotelanlagen aller Preisklassen. Allerdings haben es manche Strände Wassersportlern und auch Familien angetan. Zunächst ist es die **Playa de Tauro** mit dunkler Kiesbucht und Bootshafen – ursprünglicher Naturstrand (440 Meter lang, 30 Meter breit) und Paradies für Surfer und Bodyboarder. Gleich dahinter Richtung Puerto de Mogán die **Playa de Taurito** (190 Meter lang, 50 Meter breit), auf vielen Karten

auch noch Playa de Diablito genannt. Hellbrauner Sand und klares, flaches Wasser sowie der windgeschützte Strand sind beliebt bei Familien mit kleinen Kindern. Zur Infrastruktur gehören Duschen und Toiletten, Erste-Hilfe-Stationen, Strandwacht, Restaurants, Bars und Wassersportangebote (Tauchen, Wasserski, Jetski, Bananaboot etc.). Vielleicht wissen es die Organisatoren noch nicht: Um die Blaue Flagge zu erhalten, muss man sich bei der FEE anmelden. Am Strand gibt es auch den kleinen Wasserpark Lago Oasis.

Anfahrt: *über die Küstenstraße, zw. Puerto Rico und Puerto de Mogán.*

Playa de los Amadores

Wie ein gigantisches Amphitheater liegt die **Playa de los Amadores** (Strand der Verliebten) vor dem kristallklaren, smaragdgrünen Atlantik, umrahmt von wuchtigen Hotelanlagen. 800 Meter feinster, heller Sandstrand, 30 Meter tief, bietet trotz der Liegen und Sonnenschirme in Zehnerreihen ausreichend Platz für ein Sonnenbad, vor allem an den Seiten. Sanft geht der Strand über ins Wasser, für Kinder ein wahres Vergnügen. Wie eine Zange umklammert ein Steinwall den Schwimmbereich, die Molen an beiden Enden verhindern hohen Wellengang. Allerdings: Ballspielen und Radioaufdrehen sind hier verboten. Ein paar Palmen vervollständigen das fast karibische Flair. Hinter dem Strandareal warten Bars und Restaurants auf Gäste, auch ein Parkplatz ist vorhanden. Alles in allem genug, um die Blaue Flagge zu bekommen.

Anfahrt: über die Küstenstraße, etwa 3 Kilometer westlich von Puerto Rico. Urlauber aus Puerto Rico erreichen den schmucken Strand über die Meerespromenade in knapp 20 Minuten.

![Die gelb leuchtenden Liegen am Strand der Verliebten sieht man von Weitem](image)

Die gelb leuchtenden Liegen am Strand der Verliebten sieht man von Weitem

Playa de Mogán

Endlich ein Ort für die Augen und das Gemüt. Das hübsche, charmante **Puerto de Mogán** hat viel Atmosphäre, den Beinamen „Venedig von Gran Canaria" hat das Städtchen wohl verdient. Außerdem wurde der Strand jenseits des Barranco ausgebaut, Familien mit Kindern bevölkern ihn gern, weil er flach abfällt. Die goldgelbe **Playa de Mogán** ist 200 Meter lang, etwa 30 Meter breit, eine Natursteinmole schützt vor starkem Wellengang. Für Wassersportler werden Segeln, Tauchen und Paragliding geboten, Schnorchler finden hinter der Felsnase La Puntilla ein geeignetes Revier. Strandbars und Restaurants mit Terrassen entlang der Strandpromenade bieten relativ preiswert gute Küche. Kein Wunder, dass hier die Blaue Flagge weht.

Puerto de Mogán ist ein kleiner, aber sehr charmanter Ort

Anfahrt: *von Maspalomas über die Autobahn GC 1, die in die GC 200 übergeht, oder bis hinter Puerto Rico über die Küstenstraße.*

Veneguera, Tasarte und Tasártico

Drei einsame, wilde Strände sind hinter Mogán zu finden, alle auf abenteuerlichen Barranco-Wegen zu erreichen (das Auto sollte hohe Bodenfreiheit haben). Zuerst kommt der **Barranco de Veneguera**, an dessen Ende, nach 13 Kilometern, ein schwarzer Sandstrand paradiesische Einsamkeit bietet. Nicht nur die Kinder sollten sich aufs Planschen am Rand des Wassers beschränken, draußen gibt es unberechenbare Strömungen.

Das gilt auch für die **Playa de Tasarte**, die über den nächsten Barranco nach etwa 12 Kilometern erreicht wird. Am Kieselstrand haben Fischer ihre Boote abgestellt, Angler finden hier gute Jagdgründe und Kinder toben gern am Ufer, bei Ebbe auch im seichten Wasser. Am

Ende des dunklen Strandes gibt es sogar ein Restaurant mit Terrasse (teuer). Zur dritten Schlucht: Bis zum Ort Tasártico Asphalt (7 km), dann folgen 4 Kilometer staubiger, holperiger Schotterweg bis zur **Playa de Tasártico**. Eingerahmt von tiefschwarzen Basaltwänden lassen sich Naturfreunde auf den Steinen nieder und genießen das Rauschen des Meeres.

Anfahrt: auf der GC 200 bis Mogán, weiter nach etwa 8 Kilometern bei Las Casas de Veneguera links abwärts; oben auf der Straße noch einmal 7 Kilometer weiter, dann ab in den Barranco de Tasarte; weitere 2 Kilometer auf der GC 200 Richtung Nordwest, dann beginnt am Mirador links die Asphaltstraße nach Tasártico.

Playa de la Aldea

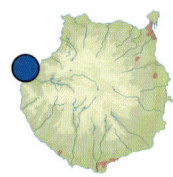

Zum Ausflug in die Südwestecke der Insel, vorbei am hinter riesigen Gewächshäusern versteckten Aldea de San Nicolás, gehört ein Stopp an der **Playa de la Aldea**. Vorwiegend kommt man hierher, um eines der berühmten Fischrestaurants zu besuchen und auf der Promenade zu bummeln. Vier alte Mehl- und Wassermühlen sowie Kalk- und Teeröfen laden zur Besichtigung ein. Hiesige Kinder gehen gern zum Steinewerfen an die mit Kies bedeckte Playa, wo sie aus der Ferne flinke Surfer beobachten können. Und beim Essen stürzen sich die Jüngeren weniger auf Fisch als auf die köstlichen Desserts mit Mangos oder Papayas, auf den süßen Kuchen (queque) und das Buttergebäck. Wer die Idylle von oben betrachten will, fährt auf der GC 200 weiter bis zum Aussichtspunkt **Mirador del Balcón**.

Anfahrt: auf der GC 200 bis San Nicolás, dann noch 3 km bis zur Küste.

Ein lohnender Abstecher: Blick vom Aussichtspunkt Mirador del Balcón

Der Norden der Insel ist recht windig, die Küste vorwiegend felsig. Zwischendurch sind ein paar wenig gepflegte, schwarze Sandstrände zu finden. Windsurfer und Wellenreiter finden hier allerdings ein Wellenparadies, Naturliebhaber ergötzen sich am Spiel der an rauen Klippen zerschellenden Wogen. Hier oben gibt es typisch kanarische Orte, deren Einwohner vor allem am Wochenende den Strand zur Picknickzone verwandeln, frische Fische oder ein Stück Fleisch brutzeln, während die Kinder umhertoben und sich gegenseitig am Ufer mit Wasser bespritzen (siehe auch Tour 9 und 10).

Playa de San Felipe

Kinder toben auf dem schwarzen Strand, einem Gemisch aus Kies, Sand und Stein, spielen neckisch mit den auslaufenden Wellen, Mama schneidet Salat, der Señor nimmt Fische aus, unter dem Zeltdach steht ein kleiner Grill, kanarische Volkslieder klingen scheppernd durch das Geräusch von parlierenden Menschen und die an die Felsen klatschende Brandung. Wer nicht picknicken will, findet rundum einfache Restaurants mit garantiert frischem

Restaurant mit Umkleidekabinen

*Oberhalb der Meerwasserbecken liegt das Restaurant **El Paso** (Carretera de San Felipe s/n, Tel. 928 62 01 77, Sa und So geschl.), bekannt für einfach zubereiteten, frischen Fisch. Weshalb Juan Medina Díaz ausgerechnet samstags und sonntags die Küche schließt, ist nicht erklärbar. Vielleicht weil am Wochenende die Einheimischen sowieso ihr eigenes Essen mitbringen. Und bei Gästen von auswärts hat es sich herumgesprochen, dass es wochentags am San-Felipe-Strand viel angenehmer, viel ruhiger ist.*

Fisch. Nebenan haben Kinder ihren Spaß in den zwei in den Felsen eingelassenen Meerwasserbecken, dem **Charco de Lorenzo**.

Die gemütliche Playa de San Felipe ist ein Geheimtipp der Einheimischen

Anfahrt: *von Las Palmas auf der GC 2 westwärts Richtung Gáldar.*

Tour 1:
Kultur hinterm Sandstrand

La Vegueta • Catedral de Santa Ana • Museo Canario • Triana • Parque de San Telmo • Parque de Santa Catalina • Museo Elder • Mercado del Puerto • Playa de las Canteras

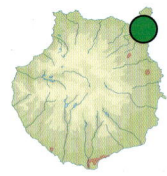

Wo: Inselmetropole Las Palmas de Gran Canaria – Wie: Anfahrt vom Süden mit dem Bus, in der Stadt teils zu Fuß, teils mit dem Touristenbus – Dauer: Tagesausflug (oder zwei Halbtagesausflüge) – Nicht vergessen: bequeme Schuhe, Sonnenschutz, Kamera, Mineralwasser

Mit dem Bus in die Hauptstadt

*Ein Besuch der Hauptstadt Las Palmas von der Costa Canaria aus ist mit dem **Linienbus** bequem und preiswert. Beispiele: mit Global-Bus ab Faro Maspalomas mit Nr. 50, Stopp am Busbahnhof San Telmo (Stadtnähe), 7-18 Uhr jede volle Stunde. Nr. 30 mit Stopp am Busbahnhof Santa Catalina, Mo-Fr 8-20 dreimal stündlich, So/feiertags 8-21 Uhr jede halbe Stunde, Fahrpreis hin und zurück € 6,50, Kinder (bis 4 J.) frei.*

Blick von der Kirche Santa Ana auf das alte Rathaus von Las Palmas

Las Palmas ist nicht leicht zu bezwingen. Zwölf Kilometer misst die Metropole ab dem mit dem Festland verbundenen Inselchen **Isleta** im Norden bis zum ältesten Stadtteil im Süden, dem ehrwürdigen **La Vegueta**. Besucher, die alle Werte der Stadt am Meer erleben wollen, sollten gut planen; wer einfach drauflosmarschiert, wird Wichtiges verpassen. Sind die Füße müde, locken schattige Plätze zur Rast und breite Strände zur Erfrischung – mitten in der Stadt. Und: vorher im Informationsamt Prospekte holen [Punto de Información

Turística, Paseo de la Playa de las Canteras, ggb. Hotel Meliã Las Palmas; Parque de San Telmo, neben der Ermita; Parque de Santa Catalina, neben Comisaría de la Policía Local, Tel. 928 44 68 24, www.grancanaria.com].

Auf zum Markt

Zur Einstimmung sollte man im Süden, im Stadtteil La Vegueta, den **Mercado de la Vegueta** besuchen [Mo-Sa 7-14 Uhr]. Die blitzsaubere Halle duftet nach frischer Ware, die Händler preisen freundlich die Produkte der Insel an, erklären dem Fremden gern unbekannte Früchte des Feldes und des Meeres. Aufschlussreich ist es auch, den Einheimischen

Immer zur Stelle: grüner Wachhund auf der Plaza de Santa Ana

beim Einkauf zuzuschauen. Kritisch prüfen sie das Angebot, überlegen lange am Kartoffelstand, welche der etwa 15 gezeigten von insgesamt mehr als 30 Sorten sie wählen wollen, lassen in Säcken lagernde Hülsenfrüchte prüfend durch die Finger gleiten, schauen den Fischen argwöhnisch in die Augen, um ihre Frische zu schätzen. Ordentlich Zeit lassen sich allen voran die vielen Männer, die in Las Palmas offensichtlich gern die Lust und die Last des Einkaufens übernommen haben. Doch häufig muss die Küche warten, denn vorher verschwinden die Señores noch flugs in einer der vielen Tapasbars, die rund um die Markthalle zu finden sind. Ein Gläschen Weißwein am Morgen gehört zur Tradition, gelegentlich auch schon ein Brandy, dazu ein paar Tapas und eine kleine Portion Mariscos, frische Meeresfrüchte.

Die Gassen, die vom Mercado nach oben gehen, münden in die von acht grün glänzenden Hunden „bewachte" **Plaza de Santa Ana**. Sie sind ständig von Kindern umlagert, lassen geduldig auch einen Ritt auf dem Rücken zu. Am obe-

> ### Stadttour auf vier Rädern
> *Vor allem Kindern bereitet die Fahrt mit dem **Guagua Turística** großen Spaß – sie müssen nicht laufen und können alles aus einer höheren Perspektive betrachten – (Mo-Sa 9.30-12.30 und 14.45-17.45 Uhr alle 30 Min. ab Parque de Santa Catalina, am Hafen, Pausen und Weiterfahrt mit dem nächsten Bus möglich, Tagestickets Erw. € 15, Kinder (4-14 J.) € 7). Um sich einen Überblick zu verschaffen für die spätere Besichtigung zu Fuß, ist diese Rundfahrt zu empfehlen. Der Guagua (kanarisch für Autobus) fährt zur Playa de las Canteras sowie in die Viertel Triana und Vegueta, er stoppt an 20 Haltestellen. Dauer: 2 Stunden.*

Der Bau der Kathedrale Santa Ana dauerte vier Jahrhunderte

ren Ende des Platzes steht die schlichte, schwarz-weiße Casa Consistorial, das Alte Rathaus, in dem nur noch Empfänge stattfinden. Hier klicken die Kameras besonders häufig.

Am unteren Ende schließt die schwarze Front der **Catedral de Santa Ana** den Platz ab, der bei Prozessionen dicht mit Gläubigen angefüllt ist, vor allem am Karfreitag. Der Gekreuzigte (Cristo de la Sala Capitular), der bei diesem Umzug durch Veguetas Gassen getragen wird, ist neben anderen kunsthistorischen Schätzen im **Diözesanmuseum** [Calle Espíritu Santo s/n, Tel. 928 31 49 89, Mo-Fr 10-16.30, Sa 10-13.30 Uhr, € 3, bis 14 J. frei] zu besichtigen. Neben dem Kreuzgang gibt es einen Lift zur Aussichtsplattform [€ 1,50, bis 13 J. frei]. Ein überwältigender Blick bietet sich dort oben über die Stadt und zum Meer.

Zu Besuch bei Kolumbus und den Altkanariern

Schätze und wertvolle Funde aus der Zeit vor der spanischen Eroberung sind oberhalb der Kathedrale im **Museo Cana-**

rio ausgestellt [Calle Doctor Verneau 2, Las Palmas de Gran Canaria, www.elmuseocanario.com, Mo-Fr 10-20, Sa und So/feiertags 10-14 Uhr, Erw. € 4, erm. (Schüler, Studenten, Rentner) € 2,40, Kinder (bis 12 J.) frei, montags freier Eintritt für alle]. Auf Ausflügen quer über die Insel begegnet man häufig den Spuren der Altkanarier, der **Guanchen**.

Lasst es euch schmecken

Neben dem Mercado (siehe S. 31) empfiehlt sich in Las Palmas de Gran Canaria das altbewährte **Restaurante El Herreño**, Calle Mendizábal 5, tägl. bis 21 Uhr. Kinderteller mit Nachtisch € 6,50, Tapas ab € 4, Cordon bleu vom Hähnchen € 8,20. Am San-Telmo-Park gibt es beim **Quiosco** leckere Barritas (kleine belegte Brötchen) für € 2,10, Pizza ab € 7, Pasta für € 6, außerdem auf der Karte: 5 Schokoladegetränke und 24 verschiedene Kaffees. Am Paseo de las Canteras Nr. 12 sind Familien bei **Al Maccaroni** an der richtigen Adresse. Tägl. 11.30-24 Uhr, Pizza ab € 3, Pasta ab € 7, Fleischgerichte ab € 12. Fischfreunde finden leckere Gerichte im **Amigo Camilo** am Ende der Canteras-Promenade hinter La Puntilla mit dem Windspiel, wo sie den gewählten Fisch selbst wiegen können (€ 21/kg). Mo geschl., So bis 17, sonst bis 22 Uhr.

Ob in der **Cueva Pintada** in Gáldar, dem **Cenobio de Valerón** bei Santa María de Guía oder dem heiligen **Roque Bentayga**, immer handelt es sich um Zeugnisse aus dem Leben der Ureinwohner. Im historischen Museum erfahren die Besucher, wie die Guanchen ihre Häuser und Wohnhöhlen bauten, Werkzeuge aus Stein und Gefäße aus Ton herstellten. Dass sie Weizen, Gerste, Linsen, Saubohnen und Erbsen anbauten, Feigen ernteten, Schafe, Ziegen und Schweine im Stall und auf der Weide hielten, Fische und Muscheln fingen. Ihre Kleidung bestand aus Tierfellen und Fasern, die sie aus Schilfgras und der kanarischen Palme gewannen. Wenn das Leben endete, wurden die Leichname einbalsamiert, wie viele Mumien zeigen – ein Anblick, der manch zarte Seele schaudern lässt. So auch in der gruseligen Sala Verneau, wo eine Sammlung von 1.500 Schädeln zu besichtigen ist – vorwiegend vom Cromagnontyp. Das ist ein Beweis dafür, dass die Altkanarier mit Berbern, Basken und Iren verwandt waren.

Unterhalb der Kathedrale liegt das Kolumbushaus, die **Casa de Colón** [Calle Colón 1, Las Palmas de Gran Canaria, Mo-Fr 9-19, Sa/So 9-15 Uhr, Eintritt frei]. Das Museum wurde in einem edlen Haus in kanarischem Stil mit zwei Innenhöfen untergebracht. Reichlich Platz wird den großen Entdeckers Kolumbus gewidmet, er soll hier während seiner Entdeckungsfahrten Station gemacht haben. Wer lesen kann, sollte nach dem Informationsblatt „Das

In der Casa de Colón machte Christopher Kolumbus zwischen seinen Reisen Halt

Leben an Bord" (auf Deutsch) greifen – der Alltag der Matrosen war absolut kein Zuckerschlecken.

Einkaufsbummel mit Jugendstilkulisse

Um die Altstadt La Vegueta zu verlassen, geht man an der Kathedrale die Calle Obispo Codina abwärts zur vierspurigen Avenida. Auf der anderen Seite liegt der Stadtteil **Triana**. Er beginnt mit der **Plaza Hurtado Mendoza**: Bänke im Schatten laden zur Rast ein, im Springbrunnen bespucken sich zwei Frösche. Hinter dem Platz führt die Calle Remedios nach links in die Calle San Pedro, die

Schmucke Jugendstilfassaden säumen die Mayor de Triana

Shoppingtipps für Kids

*Gleich am Anfang der Straße Mayor de Triana, Ecke Calle Losero, lockt **Casa Ricardo, Frutos Secos** mit einem riesigen Angebot an Süßigkeiten. In der Nr. 22 bietet **Desigual** (mit verdrehtem S) auch ausgefallene Kleidung an. Wunderbare Spielsachen für Kinder bis 10 Jahre gibt es bei **Eureka Kids** in der Nr. 35. Die Jugendlichen interessieren sich vielleicht eher für Musikinstrumente, z. B. für kanarische Timples (typ. Zupfinstrument), in der Nr. 51. Spielzeug für jedes Alter hat **Juguettos** in Nr. 58, Kinderschuhe, Taschen und Rucksäcke **Pablosky** in Nr. 64. Achtung, Eisschlecker: Die **Heladeria Guirlache** in Nr. 68 hat 35 Sorten Eis im Angebot! Noch ein Tipp für das Outfit: Bei **Directory** in Nr. 85 hängt preiswerte und schicke Kleidung für Mädchen und Jungen. Alle Geschäfte 10-20 Uhr.*

in die Einkaufsstraße **Mayor de Triana** mündet. Hier stehen die Geschäfte dicht nebeneinander aufgereiht, manche hinter verspielten Jugendstilfassaden. Während vor Jahren viele einfache Läden den Ton angaben, sind heute moderne Einkaufspaläste, vorwiegend Boutiquen mit den nobelsten Markennamen der Welt, zu finden. Auch für Kinder ist die Shoppingmeile ein viele Wünsche erfüllendes Paradies (siehe Kasten oben).

Genuss und Gelassenheit

Am Ende der Bummelmeile lädt der **Parque de San Telmo** zu einer Ruhepause ein, sonntags zum Stöbern auf dem Flohmarkt. Erfrischung und preiswertes Essen bietet ein kleiner Jugendstilkiosk, dessen Verspieltheit mit Farben, Mosaiken und Majolikafliesen den Betrachter auch visuell erquickt (siehe Kasten S. 32, Quiosco). Diagonal gegenüber duckt sich die kleine **Kapelle San Telmo** in den Schatten der Bäume. Man kann sie leicht übersehen, doch manchmal sitzen einheimische Frauen davor und machen die Spaziergänger stolz auf das Kleinod aufmerksam. Sie ist dem Schutzpatron der Seeleute und Fischer geweiht und birgt eine vergoldete Holzdecke sowie reizende barocke Altäre. Hinter der Kapelle warten ein nachgebautes Kolumbus-Schiff und Schaukeln auf die Spielratzen.

Neben dem **Parque de San Telmo** liegt der Busbahnhof. Familien ist zu empfehlen, hier bis zum **Parque de Santa Catalina** zu fahren. Die Fahrt geht vorbei am harmonisch gestalteten Jachthafen und an der **Playa de las Alcaravaneras**, die gern von einheimischen Badegästen besucht wird. Dahinter folgt der Stadtteil Santa Catalina, in dem das Leben pulsiert, die Einheimischen trotz wachsendem Tourismus ihr Leben wie gewohnt weiterführen. Eine Mischung, die reizt, hier die andere Art von Urlaub zu genießen: vorne Strand, dahinter die Hotels, danach Straßen mit Läden und Restaurants, in den Seitenstraßen finden Nachtbummler Bars und Discos.

Als Kernstück des lebhaften Treibens in diesem Stadtteil gilt der Parque de Santa Catalina. Der Begriff „lebhaft" darf aller-

Erfrischung für Körper und Seele: Jugendstilkiosk im Parque de San Telmo

dings nicht falsch verstanden werden: Hier wie auch an anderen Orten Gran Canarias geht es eher etwas gemächlich zu. Kanarier sind keine Spanier, deren Temperament gelegentlich überschäumt. Die stillen Genießer sind hilfsbereit, wenn ein Fremder einen Ratschlag braucht, freundlich, aber nicht offenherzig, aufmerksam, aber nicht betont lustig und sprudelnd – das könnte eine Beschreibung des Gemüts eines Bewohners der Insel Gran Canaria sein. Nach dem Genuss dieser gemütlichen Atmosphäre des Catalina-Parks wäre es Zeit, nebenan das **Museo Elder** zu besuchen [Parque de Santa Catalina s/n, www.museoelder.org, Di-So 10-20 Uhr, Erw. € 5, Kinder (6-16 J.) € 3,50]. Es geht um Wissenschaft und Technik, die meisten Objekte dürfen, ja sollen angefasst werden. Eine intelligente Didaktik hilft, die Bereiche Wasser, Astronomie und alternative Energiequellen spielerisch zu verstehen (siehe Kap. „Die tollsten Attraktionen für Kinder", S. 82).

Gutes Spiel braucht keine lauten Worte und hektischen Gesten: Domino

Frische Fische, gelbe Strände und hohe Ausblicke

Vom Parque de Santa Catalina aus haben erkundigungsfreudige Besucher zwei Möglichkeiten, beide nordwärts gerichtet: erstens auf der rechten Seite, also am sichtbaren Meer entlang in Richtung Handelshafen. Zweitens, mehr nach links, kommt die Strand-Überraschung der Metropole, die **Playa de las Canteras** (siehe Kap. „Kinderfreundliche Strände", S. 19), denn wir befinden uns auf einer Landzunge, die mit der Isleta endet, also im Osten wie im Westen vom Atlantik umspült wird. Wo man sich gerade befindet, erklärt der runde Turm des AC Hotels. Und vom Restaurant im 24. Stock kann man sich einen Überblick über die Stadt und die zwei „Meere" links und rechts der Landenge verschaffen [Calle Eduardo Benot 3-5, tagsüber durchgehend geöffnet, an der Rezeption um Erlaubnis bitten, es sei denn, man besucht das Restaurant oder die Bar]. Ein Stück weiter, dort wo die Straße

nach Osten in Richtung Handelshafen abbiegt, wurde ein altes Bauwerk gerettet und nach jahrelanger Abwesenheit (es wurde auf einem Bauhof gelagert) wieder aufgestellt: der **Mercado del Puerto** [Calle López Socas, Mo-Do 8-14.30, Fr und Sa bis 15 Uhr], eine um die Jahrhundertwende (19./20.) gegossene Eisenkons-

Ein Bild der Gelassenheit: Atmosphäre Gran Canarias

Rund um den Catalina-Park trifft man sich morgens zum Kaffee an den Tischen der vielen Bars und Restaurants. Insider bekommen in ihrer Stammkneipe ohne Aufforderung den Cortado (Kaffee mit etwas Milch), einen frisch gepressten Orangensaft oder eine Spezialität gegen den kleinen Hunger. Hier wird die Tradition bewahrt: An den Spieltischen geht es ziemlich lautlos zu. Bei den Schachspielern wird nur die Figur lautstark aufgesetzt, die dem gegnerischen König Schach ankündigen soll. Bei den Kartenspielern prallen selten Handballen mit dem ausschlaggebenden Trumpf auf die Tischplatte wie ein Donnerschlag. Und die Dominospieler gehen ebenfalls mit ihren schwarzen Rechtecken pfleglich um: Ihre Spielsteine geben eigentlich nur ein raschelndes Geräusch von sich, wenn sie für eine neue Runde auf der Tischplatte durcheinandergemischt werden.

truktion. Neben Kleidung und Souvenirs werden in diesem architektonischen Schmuckstück auch Gemüse, Früchte, Brot, Käse, Fleisch sowie frische Fische und Meeresfrüchte angeboten. Wechseln wir rüber zur Westseite der Landenge, zur großen **Canteras-Bucht** mit goldgelbem Sandstrand. Auf der Promenade flanieren jeden Tag, vor allem abends, Einheimische jeden Alters. Am Wochenende kommen sie aus allen Stadtteilen und Orten in Scharen, lassen sich mit Kind und Picknickkorb im Sand nieder, spannen mitgebrachte oder gemietete Sonnenschirme auf, suchen schattige Plätzchen bei den dekorativen Fischerbooten, die hier kieloben abgestellt sind. Junge Frauen zeigen kokett die neueste Bademode, ältere Männer scharen sich um Kofferradios, aus denen die aufgeregte Stimme eines Fußballmoderators scheppert, und im Schatten der Badehäuschen spielen ein paar Frauen mit selbst gebastelten Spielkartons unter Aufsicht einer energischen Kassiererin stundenlang Bingo.

Zum Abschluss: Entspannung im goldenen Sand

Die Kinder beschäftigen sich auf den Strandspielplätzen oder planschen im Wasser, das an der ganzen Playa de las Canteras flach und ungefährlich ist. Allerdings lässt die Qualität des Wassers aufgrund des den Austausch stoppenden Wellenbrechers oft zu wünschen übrig (siehe Kap. „Kinderfreundliche Strände", S. 19). Der Wellenbrecher entstand, weil man diese Stelle zur Zeit der Stadtgründung als Steinbruch benutzte, mit dessen Material die Kathedrale Santa Ana in Vegueta gebaut wurde. Deshalb

auch der Name der Playa: Cantera ist die spanische Bezeichnung für Steinbruch. An der Gebäudezeile entlang der Bucht musste der frühere Charme der kanarischen Bauwut weichen. Doch nach wie vor haben viele Bars, Cafés und Restaurants geöffnet, stehen hier Hotels aller Kategorien. In der zweiten und dritten Reihe folgen Boutiquen, kleine Kaufhäuser, Werkstätten und noch immer Tante-Emma-Läden, die bis Mitternacht geöffnet haben. Die Zeiten, als der Canteras-Strand den Herumstreichern gehörte, sind längst vorbei: Die Stadtverwaltung hat Polizei eingesetzt, die mit Elektroautos Streife fährt, und die ganze Nacht über ist die Szene kontrolliert. Das macht aus Las Palmas, speziell aus Santa Catalina, ein Urlaubsviertel von ganz besonderer Qualität.

Hier wird täglich leckerer und garantiert frischer Fisch gebrutzelt

Tour 2:
Verborgene Schönheiten

Telde • Teror • Arucas

Wo: im Nordosten der Insel, südwestlich der Hauptstadt – Wie: mit dem Auto – Dauer: Tagestour – Nicht vergessen: Kamera, diesen Reiseführer, Straßenkarte, für Kirchenbesuch lange Hosen und Schultertuch

Sie schlummern in ihrer Tradition, sie hüten ihre kulturellen Schätze, sie lassen sich bei Wallfahrten und Kirchenfesten

Casino ohne Roulette

*Bar und Restaurant des **Casino** sowie die große Terrasse sind ein lebhafter Treff der Einheimischen. In den großen Räumen fühlen sich auch Kinder wohl und die Preise sind recht niedrig: Bocadillos (belegte Brötchen) ab € 1,20, Sandwich und Tapas ab € 2, Tellergerichte € 6,15, halbe Portion € 3,30, Flasche Wasser € 1,15. Plaza de San Juan s/n, tägl. ab 10 Uhr. Eine andere gute Adresse: **Buona Pizza**, Pizza ab € 6, Pasta ab € 7, Schnitzel mit Pommes € 9, Fischgerichte ab € 10. Calle Alférez José Asciano 55, ab mittags bis 22 Uhr.*

feiern, sie träumen in verborgener Schönheit: kleine Städtchen wie Telde, Teror und Arucas, die wenig Aufsehen erregen und doch so viel an Kultur zu bieten haben. Eine Rundtour durch Gran Canarias Nordosten bringt wissensdurstigen Urlaubern viel Gewinn.

Eine halbe Autostunde südlich der Inselhauptstadt und auch vom Süden bequem über die Autobahn erreichbar, liegt Gran Canarias zweitgrößte Stadt, **Telde** [Información Turística, Calle León y Castillo 2, gegenüber der Hauptkirche, Tel. 928 01 33 31, www.ayuntamientodetelde.org].

In kanarischen Kleinstädten wie Telde schlummern viele Kulturschätze

Der Trick der Tarasco-Indianer

Die Prozessionsträger sind den Tarasco-Indianern dankbar (siehe S. 40), denn die 1.85 Meter große Christusfigur ist sehr leicht. Schätzt zuerst einmal, wie viel sie wiegen könnte. Eine kleine Hilfe zum Ratespiel: Nur Kopf, Hände und Füße sind aus Holz, Körper und Gliedmaßen bestehen aus Titsingueri, das ist eine Mischung aus dem Mark der Maiskolben und Kautschuk. Und nun die Antwort – man höre und staune: Die lebensgroße Christusstatue wiegt nur sieben Kilo.

Die Jungfrau Maria und Hofdamen tragen flämische Haubentrachten

Abstecher zur Caldera de Bandama

*Zur sehenswerten Caldera (Caldera = Kessel), einem kesselförmigen Vulkankrater, fährt man von Telde nordwestlich über Los Caserones Richtung Santa Brígida. Vom Ortsteil Atalaya, ehemaligem Zentrum der Töpferei, ist in wenigen Minuten die östlich liegende Caldera de Bandama zu finden (vorbei am ältesten Golfplatz Spaniens). Der 200 Meter tiefe **Krater von Bandama** wird noch zeitweise landwirtschaftlich genutzt, die Wohngebäude sind jedoch verlassen. Die gewaltige vulkanisch gestaltete Landschaft ist am besten vom Vulkankegel des Pico de Bandama (570 m) aus zu genießen. Die Ländereien ringsum gehörten einst einer Familie namens Van Damme, daher die Bezeichnung „Bandama".*

Ihre Geschichte begann gleich nach der Eroberung Gran Canarias durch die Spanier (1483), die das Land rodeten und mit Zuckerrohr das große Geschäft machten. Als Synonym für ihren Reichtum erwarben sie Kunstwerke, der reiche Cristóbal García del Castillo beispielsweise einen wertvollen flämischen Altaraufsatz.

Verlobung mit Joseph und flämischen Hauben

Heute steht das von Urlaubern selten besuchte Kunstwerk, das Retabel, in der **Kirche San Juan Bautista** [Mo-Sa 8-12 und 17-20, So 7-13 und 16-18 Uhr]: Gran Canaria hat in seinen Gotteshäusern nichts Schöneres zu bieten. Die sechs Szenen aus dem Leben Marias sind von einer unübertroffenen Feinheit, die Gesichter ausdrucksvoll, und die flä-

Alte indische Feigenbäume spenden Schatten auf dem Kirchplatz

mischen Künstler brachten das Leben in Brabant mit in die Szenen. So beispielsweise die Haubentracht der flämischen Frauen in der Darstellung der „Verlobung mit Joseph". Zu den anderen Kunstschätzen der Kirche gehört auch der in Mexiko modellierte Cristo de Telde, von Tarasco-Indianern in raffinierter Technik gefertigt (siehe Kasten S. 39). Der Kirchplatz mit Schatten spendenden indischen Feigenbäumen und Bänken sowie die von ihm abzweigenden Gassen sind jetzt Fußgängerzone. Die Gasse links neben der Kirche führt zu einem der schönsten Kinderspielplätze der Insel mit Palmen, Bananen, einer Voliere und einem Wasserlauf mit Schildkröten. In der linken Ecke des Kirchplatzes befindet sich das **Casino de la Union de Telde**, kein Casino im üblichen Sinne, sondern Bar und Restaurant für alle (siehe Kasten S. 38).
Der Altstadtkern mit seinen typisch kanarischen Häusern zeigt bei einem Spaziergang die Schönheit einheimi-

scher Architektur, weiße Häuser mit grünen oder braunen Fenster- und Türrahmen, Balkone aus Tea-Holz, Ziegeldächer und Vulkangestein, so zum Beispiel im historischen Stadtteil Barrio de San Francisco. Krönender Abschluss des Rundgangs ist ein Besuch des **Casa Museo de León y Castillo** [Calle León y Castillo 43-45, Mo-Fr 9-20, Sa 10-18, So/feiertags 10-13 Uhr, Eintritt frei].

Heiden sehen die Madonna

Weiter im Landesinneren liegt **Teror** [Información Turística, Casa de la Huerta 1, Tel. 928 61 38 08, www.teror.es], eines der schönsten Städtchen der Insel und berühmter Wallfahrtsort. Seine Geschichte begann am 8. September 1481, als sich einigen heidnischen Hirten die strahlende Jungfrau Maria im Wipfel einer Kiefer zeigte (so will es die Legen-

---

Lächelt sie oder nicht?

Kinder werden unbedingt einem Geheimnis, das sich um die Madonna rankt, auf die Spur kommen wollen. Um ihr aber näher sein zu können, muss man hinter der Kirche im **Camarín de la Virgen** *(Mo-Fr 13-15, Sa 11-13, So/feiertags 9-11 und 15.30-17.45 Uhr) über eine Treppe hochsteigen und prüfen, ob es stimmt, dass eine Seite ihres Gesichtes lächelt und die andere traurig ist. Geht mehrmals um die von Thron und Baldachin aus reinem Silber umrahmte Figur herum. Stimmt, was der Volksmund sagt?*

Ein Museum zum Verirren

Das **Museo Patronos de la Virgen** *macht Kindern schon deshalb Spaß, weil es auf und ab, in den Innenhof, einen zweiten Hof, die Stallungen und das Nebenhaus geht – ein spannender Irrgarten. Zwischendurch können alle die Einrichtungen der adeligen Familie bestaunen, die edlen Möbel, den fein gedeckten Esstisch (Kleckern verboten!), spannend vor allem die Remisen mit Kutschen, Sänften, einem Einrad und einem „Triumph" (Oldtimer von 1951). Und: Es gibt deutsche Texte zum besseren Verständnis.*

de). Geblendet von der Erscheinung eilten die Ziegenhüter nach Las Palmas, um sich taufen zu lassen – christliche Guanchen hatten eher die Chance, mit den spanischen Besetzern auszukommen. Der von den Eroberern mitgebrachte Bischof Don Juan Frías erklärte das Geschehen zum Wunder und das mit Balkonen reich geschmückte Teror wurde religiöses Zentrum der Insel, die Kirche **Nuestra Señora del Pino** [Mo-Sa 8-13 und 15.30-20, So 8-20 Uhr] Ziel der Wallfahrer. Die Madonna mit goldener Krone steht in einem Glasschrein über dem Hauptaltar, man kann ihr aber auch näherkommen (siehe Kasten S. 40).

Ein weiterer Besuch gilt dem am Kirchplatz liegenden **Casa Museo Patronos de la Virgen** [So-Fr 9-16 Uhr, Erw. € 3, Schüler (12-14 J.) € 1]. Es handelt sich um ein edles, vollständig erhaltenes Her-

Farbenfrohe Fassaden der Fußgängerzone in Teror

Markttag mit Picknick

Sonntags ist in Teror von 8 bis 14 Uhr Markttag. Auf dem Kirchplatz werden im Schatten eines indischen Feigenbaums und einer großen Kiefer Körbe und Möbel verkauft. In den Gassen zum Bischofspalast und zum Rathaus reihen sich die Stände. Neben dem üblichen Kitsch gibt es viele Produkte aus eigener Herstellung: Käse und Brot, Honig, Kuchen und anderes verführerisches Backwerk. Treffs für Einheimische und Besucher sind in der Nähe der Kirche die **Cafetería La Plaza**, *oder das* **Restaurant La Villa,** *wo es kleine Gerichte, Tapas und Sandwiches gibt (beide ab 10 Uhr, Mo geschl.). Wer lieber picknicken möchte, findet neben dem Kirchplatz, durch ein schmiedeeisernes Tor getrennt, die gemütliche* **Plaza Teresa de Bolívar**.

metropole, denn in den Steinbrüchen ringsum gibt es die „Piedra azul", einen widerstandsfähigen Basalt. Aus ihm wurde ab 1909 die überdimensionale **Kirche San Juan Bautista** (Johannes der Täufer) gebaut. Erst am 24. Juni 1977, am Johannistag, konnte der Steinmetz Nicolás Falcón den letzten Stein setzen. Nicht, dass die etwa 50 eingesetzten Steinmetze so langsam gearbeitet hätten – 68 Jahre lang. Zu ihrer Ehrenrettung: Das Gotteshaus war im Prinzip 1932 fertig, der Hauptturm wurde aber aus Kostengründen erst 1962 weitergebaut. In der inoffiziellen Kathedrale [tägl. 9.30–12.30 und 16.30–18.30 Uhr], die an die bizarre Architektur des Katalanen Gaudí erinnert, sind wunderschöne farbige Glasfenster zu sehen, hinter dem Chor die Holzskulptur eines ruhenden Christus, Cristo yacente, ein Werk des aus Arucas stammenden Bildhauers Manuel Ramos

renhaus aus dem 17. Jahrhundert (siehe Kasten S. 41). Die Besitzer, die reiche Familie De Lara y Bravo de Laguna, sind die Schutzherren des Bildnisses der Jungfrau del Pino.

50 Steimetze für eine Kathedrale

Ein dritter sehenswerter Ort liegt nördlich von Teror: **Arucas** [Información Turística, Calle León y Castillo 10, Tel. 928 62 31 36]. Die drittgrößte Stadt Gran Canarias war lange Zeit eine Steinmetz-

Ein beliebtes Fotomotiv: Drachenbäume und Palmen im Parque Municipal

González (1899-1971). Außerdem befindet sich in der Herz-Jesu-Kapelle rechts vom Hauptaltar das Bildnis der Santa Lucía von José Luján Pérez (1756-1815), dem bedeutendsten kanarischen Vertreter des Spätbarock. Unterhalb der Kirche gibt es zwei große kostenlose Parkplätze, ab der Plaza de San Juan beginnt die Fußgängerzone. Die architektonische Eigenart Arucas, immer wieder der tiefblaue Basalt, nimmt der Besucher am ehesten auf dem Weg über die Calle Gourié, Calle León y Castillo zur Plaza de la Constitución wahr. In der Gourié-Gasse Nummer 3 ist der Innenhof der Casa de la Cultura [Mo-Fr 9-13 und 16-21, Sa 10-13 Uhr] mit Balkongalerie und einem prächtigen Drachenbaum zu bewundern, Sitz des Archivs und der Bibliothek.

An der **Plaza de la Constitución** fällt das architektonisch reizvolle Alte Rathaus auf. Die alte Markthalle wurde entkernt,

Die Kirche San Juan Bautista wird als die Kathedrale von Arucas bezeichnet

Gemütlich und preiswert

*Auf dem vorgeschlagenen Stadtspaziergang gibt es in der Calle Gourié zwei gute Adressen mit gemütlichem Ambiente: In Nr. 1 **Café El Gótico** mit Tapas ab € 2, Pizza ab € 4 und kleinen Gerichten ab € 5 (tägl. ab morgens bis spät abends); ein paar Schritte weiter, in der Nummer 5, hängen in der **Tasca Jamón Jamón** prächtige Schinken über der Bar, es gibt leckere Tapas ab € 3, serviert wird auch an Tischen auf der Gasse (tägl. ab 10, Sa/So ab 12 Uhr bis spät abends).*

beherbergt jetzt das supermoderne **Centro Comercial El Mercado** mit Einkaufszentrum und Tiefgarage. Immerhin blieb die alte Fassade erhalten. Anschließend an die Plaza de la Constitución bietet der **Parque Municipal** Gelegenheit zur Rast, die Kinder finden einen gut ausgestatteten Spielplatz mit Gummiboden vor. Kleine Kanäle führen Wasser, Palmen und indischer Feigenbaum spenden Schatten, im zweiten Teil der Anlage sind zwei große Drachenbäume und eine hohe Palme das Ziel aller Hobbyfotografen (siehe S. 42).

Tour 3: Von heiterer Kunst zum schönsten Barranco

Agüimes • Barranco de Guayadeque • Centro de Interpretación Arqueológica

Wo: auf halber Strecke zwischen Las Palmas und Costa Canaria – Wie: mit dem Auto und zu Fuß – Dauer: mit Picknick oder Einkehr gemütliche Tagestour – Nicht vergessen: gute Laufschuhe, Kamera, Zeichenblock, Picknickkorb

Von der Costa Canaria sind es auf der GC 500/GC 191 gerade mal 20 Kilometer bis Cruce de Arinaga und dann noch etwa

6 Kilometer bis **Agüimes** [Información Turística, Plaza de San Antón s/n, Tel. 928 12 41 83, www.aguimes.es]. Die Stadt hat sich voll den kanarischen Künstlern geöffnet, die vorwiegend die traditionelle Kultur festgehalten haben. Für alle, besonders für die Kinder, ist es endlich einmal spannender, eine Stadt auf der Suche nach Kunstwerken an Straßen und auf Plätzen zu durchstreifen, statt Kirchen und Museen zu besuchen. Die Neugierde hat sicher bereits an der Kreuzung **Cruce de Arinaga** begonnen, auf deren Rotonda (Verkehrskreisel) die

In Bronze festgehaltene Lesestunde auf der Plaza del Rosario

Süßigkeiten in Mariquitas Hand

Zu den Naschereien, die Paco gern hatte (siehe rechts), gehörten Erdmandeln (chufas), auch Tigernuss genannt. Das sind die Wurzelknollen eines Zypergrases, sie schmecken nach Haselnüssen oder Mandeln. Begehrt waren außerdem die proteinhaltigen Kerne der Süßlupine (altramuces), Bazooka-Kaugummi (chicles de Bazooca), den es früher auch in Deutschland gab, rosarot und sehr süß, außerdem Lutscher (pirulíes) und Lakritze (regalices).

„Juegos tradicionales" dargestellt sind, die traditionellen Wettkampfspiele: **Lucha Canaria**, der kanarische Ringkampf (siehe auch S. 7) und **Palo**, der für die Finger nicht ungefährliche Kampf mit langen Stöcken.

Nachdem Sie Ihr Auto an der **Plaza de San Sebastián** abgestellt haben, sollte der erste Schritt in Agüimes dem **Informationsbüro** gelten (siehe links). Vor dem Amt werden die Besucher von „Catalina, Princesa Macequera", einer Guanchenprinzessin, empfangen. Sie war eine Tochter des Guanchenkönigs Fernando Guanarteme in Gáldar und wie ihr Vater zum Christenglauben übergetreten. Im Büro gibt es einen Plan der Altstadt, Basis für einen interessanten Rundgang durch das so genannte **Museo al aire libre** – quer durch das „Freilichtmuseum". Hier ein Vorschlag: Hinter

dem Informationsamt sollten Sie auf der Calle del Sol Richtung Kirche bis zur **Plaza de Orlando Hernández** gehen. Dort finden die Kunstjäger eine bronzene „Homenaje a la música", eine Hommage an die Musik, eine Cellistin beim Spiel. Und jetzt wird es spannend: Man darf der Musikerin ruhig zu nahe treten, sie belohnt dies mit einer wunderschönen Sonate. Oberhalb der Pfarrkirche San Sebastián liegt der schattige Kirchplatz, die **Plaza del Rosario**, umringt von Bars und Restaurants. An der Oberseite ist die Bronzefigur der „Mariquita Sánchez" zu finden. Die alte Señora sitzt auf einer Bank neben ihrem Verkaufswagen, die rechte Hand gefüllt mit Süßigkeiten. Der Schöpfer des Kunstwerks, Paco Suárez Díaz, erinnert sich gern an die alte Dame, die sonntags und an Feiertagen an genau diesem Platz ihm und anderen Kindern aus Agüimes Süßigkeiten zum Kauf angeboten hatte. Kinder, schaut euch einmal die rechte Hand von Mariquita genau an und ratet, was die Kinder von Agüimes damals gern naschten (siehe Kasten links).

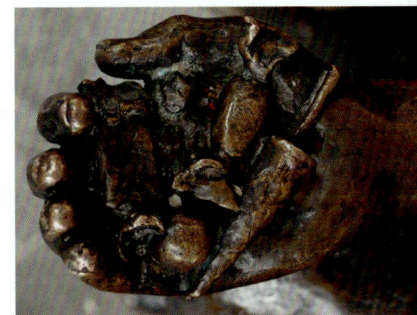

Welche Lieblingssüßigkeiten hat Paco Suárez hier wohl abgebildet?

Mitten im „Freilichtmuseum"

*In die Reihe „historisch-kulturelles Denkmal Spaniens" wurde die schöne Pfarrkirche von Agüimes aufgenommen. Die dreischiffige **Basilika San Sebastián** (Plaza del Rosario s/n, Mo-Fr 9-13 Uhr) liegt mitten im historischen Kern. Die dunkle Fassade, beide Türme und der Tambour stehen im Kontrast zur weißen Kuppel. Im Inneren mischen sich Gotik, Barock und Neoklassizismus in harmonischer Weise. Von den Heiligenfiguren stammen drei von Gran Canarias berühmtem Bildhauer Luján Pérez – die Virgen de la Esperanza, Santo Domingo und San Vicente. Die vom Kirchplatz, der Plaza del Rosario, abgehenden Gassen sind gepflastert, die Häuser höchstens zweistöckig, die Plätze mit Bronzefiguren geschmückt, insgesamt für Jung und Alt ein erquickender Spaziergang (siehe S. 45).*

Der Naschereiverkäuferin gegenüber in Richtung Kirche präsentiert sich eine Gruppe junger Bronzemänner, zwei von ihnen sitzen auf einer Bank und lesen. Das Denkmal ist einem regelmäßigen Treffen junger Leute gewidmet, die sich der Literatur verpflichtet fühlten. „Una tertulia en la alameda" (Eine Gesprächsrunde an der Allee) erinnert an ein Gedicht des Literaten Joaquín Artiles, eines Sohnes der Stadt, der in den 1920er-Jahren öffentliche Literaturdiskussionen ins Leben rief.

Oberhalb des Platzes steht der „Burro con albarda", der Esel mit Sattel. Er erinnert an den Helfer des Bauern und wartet darauf, dass sich die Kinder auf seinen Rücken schwingen. Links vom Platz symbolisiert ein schwungvolles Paar den Karneval in Agüimes mit dem Denkmal „Homenaje al carnaval antiguo".

Von hier geht es nach rechts zur **Plaza de Santo Domingo**. Auf dem Weg, vorbei an der Casa de la Cultura, laden ein bronzenes Tischchen und drei Stühle zu einem Stopp ein. Das Arrangement nennt sich „Homenaje al escritor", eine Ehrerbietung für die Schriftstellerei. Wem ist da nichts eingefallen, dem Künstler oder dem Schreiber? Oberhalb des Santo-Domingo-Platzes mahnt ein

Pause nach der Kunsttour

*Ein Stadtspaziergang macht hungrig. Eine preiswerte Adresse ist das **Restaurant Villarosa** in der Calle Juan Melián Alvarado 3 (Di-Do 10-24, Fr, Sa und So 10-2 Uhr, Mo geschl.), zwischen der Kirche und der Plaza de Orlando Hernández. Das Tagesmenü mit Kaffee oder Saft und Nachtisch kostet € 7,50, Pizza ab € 4, und wer nur einen kleinen Hunger hat, bekommt Bocadillos (belegte Brötchen) oder Hamburger ab € 2, ein Sandwich für € 1,50, eine gesunde Salatschüssel gibt es für € 4,50.*

bronzener Priester „y Dio su vido", wie es sich für einen Pfarrer gehört: „… und Gott sieht dich".

Die Calle Antonio Vicente González führt zurück auf die **Plaza de San Sebastián**, eine Bronzefigur erinnert mitten auf dem vom Verkehr umtosten Platz an den von Pfeilen durchbohrten Märtyrer, den heiligen Sebastian. Wer hier geparkt hat, findet schnell die Straße zum Barranco de Guayadeque. Wer die Tour hier abbricht und Richtung Arinaga zur Autobahn fährt, findet am Ende der Avenida Hermanos de la Salle auf der linken Seite die Bronzegruppe „Homenaje a la maestra", eine Verehrung des Künstlers Etual Ojeda, der schwitzend auf der Schulbank sitzt, vor ihm fast hautnah die strenge, aber gerechte Lehrerin aus der Vergangenheit.

Barranco de Guayadeque – Menschen von damals

In Agüimes wird bereits auf die schöne Schlucht im Nordwesten der Stadt hingewiesen, auf **Guayadeque**, in der Sprache der Altkanarier „Ort des fließenden Wassers". Im fast immer grünen Barranco sind in den Felsen zahlreiche Höhlen zu sehen, teils Wohnungen der Ureinwohner, teils Grabstätten für ihre Toten. Beim Besuch des am Taleingang in den Felsen gebauten **Centro de Interpretación de Arqueológica** [Tel. 928 17 20 26, Touristeninfo: Tel. 902 50 72 50, Di-Sa 9-17, So 10-15 Uhr, Erw. € 2,50, Kinder (3-12 J.) € 1, Rabatt für Großfamilien] können Sie die Entstehung des Tales erleben: die Besiedlung durch die Ureinwohner, wie sie lebten, arbeiteten, Landwirtschaft trieben und das Wild jagten.

Die geschichtliche Spurensuche führt zum Barranco de Guayadeque

Abenteuerlich und geheimnisvoll ist vor allem für Kinder der dunkle Vulkangang. Zwischen den einzelnen „Schauplätzen" gibt es genügend Nischen, um sich zu verstecken und die anderen zu erschrecken. Doch dann interessiert auch die jungen Besucher das Leben der Ureinwohner: Zahlreiche Funde aus Haus und Hof, auch eine Mumie, helfen der Fantasie, sich den Guanchenalltag vorzustellen.

Picknick am Fluss ... oder in der Grotte?

Am Wochenende geht es am Rande des Flüsschens recht lebhaft zu. Die Einheimischen stellen an der Straße ihre Autos ab und packen am Ufer des Flusses ihre halbe Wohneinrichtung und den Inhalt ihrer Speisekammer aus. Wer grillen will, fährt ein Stück weiter nach oben bis zum großen Picknickplatz mit gemauerten Grillstellen. Ein Musikinstrument

Im angenehm kühlen Höhlenrestaurant speist man wie die Guanchen

> ## Abenteueressen in der Grotte
>
> *Das Felsenrestaurant **Guaya-deque** liegt „junto a la Ermita", also neben der Kapelle. Urige Tische und Sitze aus Holzstämmen passen zur Höhlenstimmung. Die Speisekarte enthält Gerichte, die auch Kindern schmecken – und sie sind sehr preiswert. Beispiele: Portion Schinken, Käse, Fischkroketten oder Russischer Salat je € 3, Krabben in Knoblauchöl € 5, Hähnchenbrust vom Grill oder Kalbsschnitzel je € 4, Omelette € 2,50. Que aproveche! Tägl. etwa 9.30-22 Uhr, am Wochenende auch bis 1 Uhr.*

ist oft dabei und mindestens ein lautstarkes Radio sorgt für Stimmung. Niemand hat etwas dagegen, wenn auch Urlauber es den Canarios gleichtun. Auf der linken Talseite haben sich Einheimische in den Felsenkammern wohnlich eingerichtet, einige stellten sich auf die Neugierde der Touristen ein und zeigen gern die von den Guanchen aus dem Berg gehauenen, gelegentlich von den neuen Besitzern mit dem Presslufthammer ausgeweiteten Räumlichkeiten, verkaufen Honig, Honigwein und Stickereien. Unterhalb des Höhlendorfs, direkt an der Straße, liegt die Höhlenkapelle Beñesmen, Altar und Kanzel sind aus dem Tuff gemeißelt. Auch ein uriges Restaurant nutzt die Höhlen für stimmungsvolle Mahlzeiten. Mindestens die leckere Pasta sollte sich die Familie

gönnen, denn für Kinder ist die Grotten-
stimmung ein besonderes Erlebnis (siehe Kasten links). Auch am Ende des Barrancos gibt es zwei Lokale im Fels, dort
wird aber „Höhenzuschlag" verlangt.

Kostprobe einer Wanderung

Den Barranco, die Berge und die Landschaft genießt man natürlich besonders
intensiv bei einer **Wanderung**. Eine
geführte Wanderung ist sicherer, man
muss aber mit fünf Stunden rechnen
und gut ausgerüstet sein. Für individu-
elle Termine und kleine Gruppen, auch
Familien, bieten sich die Wanderführer
Jörg und Roland an (siehe Kap. „Gut zu
Wissen", „Wandern", S. 125). Je nach
verfügbarer Zeit, sozusagen als Test
für die kleinen Wanderer, kann man
am Ende des Barrancos einen kleinen
Ausflug einplanen. Das Auto wird auf
dem Parkplatz neben dem Restaurant
Vega abgestellt. In Kurven geht es
zunächst auf breitem Weg nach oben,
der Blick zurück reicht entlang der
wilden Schlucht bis zum Meer. Dann
geht es ein längeres Stück geradeaus.
Noch hüpfen die kleinen Rucksack-
träger wie Bergziegen von Stein zu
Stein, die Amateurbotaniker wundern
sich über die riesengroßen, bis zu vier
Meter hohen Büsche der Tajinaste, auf
Deutsch „Decaisnes Natternkopf" (nach
dem französischen Botaniker Joseph
Decaisne, 1807-1882, benannt). Wieso
Natternkopf?, fragen bestimmt die neugierigen Kinder. Schauen Sie genauer
hin: Aus der Blüte ragt neben den Staub-
blättern ein Griffel heraus, dessen Narbe
gespalten ist wie eine Schlangenzunge.
Nach etwa einer Stunde steht links
ein kleiner Fels mit verblasstem roten

*Geführte Familienwanderung durch
die wilde Landschaft Gran Canarias*

Pfeil und einem „Steinmännchen" als
Wegweiser. Links geht es nun auf einem
Ziegenpfad steil hoch. Wer keine rich-
tigen Wanderschuhe und Wanderstöcke
hat, sollte jetzt nicht weitergehen, es ist
rutschig und steinig.
Nach der langen Schluchttour mit steilen
Felsen, rutschigen Pisten und züngeln-
den Natternköpfen wäre mal wieder ein
Spaziergang auf ebenen Wegen an der
Reihe. Dafür bietet sich Agüimes an,
vielleicht mit einer Fortsetzung der Tour
durch das „Freilichtmuseum". Oder ein
Stück weiter der Besuch des Cocodrilo
Parks mit Krokodilen, Affen, Raubkatzen
und Papageien (siehe Kap. „Die tollsten
Attraktionen für Kinder", S. 84).

Tour 4:
Den Guanchen auf der Spur

Maspalomas • Mundo Aborigen • Parque Arqueológico de Arteara •
Fataga • San Bartolomé • Santa Lucía • Fortaleza de Ansite

Wo: nördlich Costa Canaria bis etwa Inselmitte – Wie: mit dem Auto, teilweise zu Fuß – Dauer: Tagesausflug – Nicht vergessen: feste Schuhe, Kamera, Fernglas

Auf einer abwechslungsreichen Rundtour lernen wir die Guanchen kennen, ihren Alltag in einem nachgestellten Dorf, ihre Gräber in der Lava von Arteara, ihren Kampf gegen die spanischen Eroberer in der Fortaleza de Ansite. Zur Abwechslung gibt es zwischendurch

Ausflüge mit Kamel und Esel und in San Bartolomé wartet in der Kirche ein kleiner Heiliger auf seine Bewunderer.

Die Tour beginnt in **Maspalomas** im nördlichen Stadtteil San Fernando auf der Landstraße GC 60. Schon nach sechs Kilometern erwacht die Neugierde bei einem bunten Schild: **Mundo Aborigen** (siehe Kap. „Die tollsten Attraktionen für Kinder", S. 91). Hier hat man versucht, auf einem großen Gelände das Dorfleben zur Zeit der Altkanarier, also vor der Eroberung durch die Spanier (1483), nachzustellen. Ein lehrreicher Rundgang für die ganze Familie, erfreulich auch die mehrsprachige Beschriftung. In einigen Ställen grunzen muntere kanarische Riesenschweine, Schafe, Ziegen und Hühner mit Hahn streunen herum. Auch die Pflanzenwelt Gran Canarias wird erklärt und die Nutzung der einzelnen Kräuter durch die Guanchen.

Zu Kamelen und Guanchengräbern

Die Weiterfahrt bietet auf einer Strecke von etwa zehn Kilometern landschaftliche Abwechslung bis nach Fataga: Rechts ziehen sich die Höhenzüge des **Lomo de los Pajaritos** entlang, vom Pass aus blickt man in den wilden Westen mit den Barrancos de Fataga, de los Vicentes und de Data. Palmenhaine schmücken das Tal bis über Fataga hinaus. Schon im hübschen **Weiler Arteara** warten Kamel-

Kanarische Ausblicke in Fataga – weiß getünchte Wände und rote Dächer

Typisch kanarisch speisen

Die wenigen Restaurants in Fataga bieten recht unterschiedliche Gerichte für den kleinen und den großen Hunger, empfehlenswert sind:
El Labrador an der Durchgangsstraße Nr. 23 (tägl. 11-23 Uhr): Hamburger mit Pommes € 4,50, Pasta ab € 5, Pizza ab € 6,50, mit Ladengeschäft (kulinarische Spezialitäten wie scharfe Soßen, Marmelade und Honig, Käse). Wenige Meter entfernt das Café Paparazzi mit Kuchen und Eis. Ein paar Schritte weiter (Nr. 4-6) das gemütliche El Albaricoque (außer Di tägl. 10-17 Uhr) mit kleiner Terrasse: Pizza ab € 8, Hähnchen € 6,50, Schnitzel oder Ziegenfleisch € 7,50. Leckere Backwaren mit Mandeln und Kokos (in einem alten Holzbackofen gebacken) bietet die Panadería Fataga, tägl. bis 14 Uhr (von der Hauptgasse María del Pilar links ab in die Calle Leopoldo Matos 38).

Wegen zu entdecken (Beschreibung im Gelände), auf einem 400 Meter langen Rundweg und einer 250 Meter langen Seitenstrecke. Für den Rundweg sind feste Schuhe erforderlich, Kinder müssen streckenweise an die Hand genommen werden.

Das typisch kanarische Dörfchen **Fataga** mit seinen kleinen weißen, mit Balkonen und roten Ziegeldächern geschmückten Häusern muss man zu Fuß erkundigen: Seitlich der Kirche beginnen die mit Kieselsteinen belegten Gassen, die durch den Dorfkern führen. Manche schlängeln sich wie ein Labyrinth durch den Ort, für das junge Volk ein willkommener Anreiz, Verstecken zu spielen. Man trifft sich dann bestimmt am Ende von Fataga am höchsten Punkt bei abstrakten Figuren und Bildern des deutschen Künstlers Friedhelm Berghorn (*1942) in der **Galería de Arte** [Calle Díaz s/n, Tel. 928 79 82 07, So-Fr

herden auf Kunden für eine kleine Safari (siehe Kap. „Die tollsten Attraktionen für Kinder", S. 92). Wer sich geschichtlich bilden will, findet am Ende des kleinen Ortes den frei zugänglichen **Parque Arqueológico de Arteara**. Rund 1.000 Hügelgräber enthält die vorgeschichtliche Nekropole in einer „Degollada", einer Lavalawine von monströsen Ausmaßen. Einige Gräber sind auf zwei

Ein Guanchengrab im Parque Arqueológico de Arteara

9-14 Uhr, Eintritt frei]. Von hier oben entdecken Fotografen wunderbare Postkartenmotive. An der Durchgangsstraße bieten sich einige Bars bzw. Restaurants an, Durst und Hunger zu stillen (siehe Kasten S. 51).

Zu Besuch beim kleinen Chico

Nur acht Kilometer Bergstrecke ab Fataga und schon ist **San Bartolomé de Tirajana** erreicht, die Verwaltungsgemeinde für die gesamte Südostecke der Insel. Im Ort selbst lohnt sich der Abstecher hoch zum Mirador mit Blick auf den eingebrochenen Krater, die **Caldera de Tirajana**, mit 23 Kilometer Durchmesser (siehe Kasten unten). Unten im Ort gehört zur Pflichtübung für Kinder und Erwachsene ein Besuch der **Kirche Santiago de Tunte** [Ortsmitte, tagsüber meistens geöffnet]. Vorher muss man wissen: „Santiago" ist der spanische Name für den hl. Jakobus, Spaniens Nationalheiliger, „Tunte"

Die Figur des kleinen Santiago el Chico ist 400 Jahre alt

der altkanarische Name der Siedlung, auf der San Bartolomé errichtet wurde. Drinnen im Kirchenraum fällt zuerst die große Statue des Heiligen auf: Er sitzt stolz, das Kreuz in der einen, das Schwert in der anderen Hand, auf einem sich aufbäumenden Pferd, unter dessen Hufen sich die besiegten Mauren im Staube wälzen. Vielen Kindern ist diese Figur zu martialisch. Sie wenden sich lieber dem kleinen, süßen Santiago el Chico zu (chico = klein, auch Kind). Die etwas naive, wie von Kinderhand modellierte Statue wird von den Gläubigen der Stadt tief verehrt, sie ist 400 Jahre alt, und auch Chicos Pferd hat mit den Vorderhufen den Kopf eines Mauren blutig geschlagen. Kinder, aufgepasst: Der kleine Heilige ist übrigens Schutzpatron vieler Berufe, ob die Eltern auch in den Kreis der Beschützten gehören (siehe Kasten rechts)?

So entstand die Caldera

*Die **Caldera** (das bedeutet Schüssel) war einmal ein hoher Zentralvulkan. Als er dann aus seitlichen Öffnungen immer weiter heiße Magma spuckte, leerte sich der obere Teil der Magmakammer und allmählich wurde das Dach zu schwer, bis es zusammenbrach. Eine zweite Möglichkeit für die Bildung der Caldera ist, dass explosive Eruptionen den oberen Teil des Vulkans wegrissen und die Entstehung eines Sprengtrichters ermöglichten.*

Sammlung eines eifrigen Bürgermeisters

Von Sant Bartolomé kann man in Fortsetzung der GC 60 nach Norden zur höchsten Spitze der Insel fahren (siehe Tour 7). Wir aber nehmen die nach Südost führende GC 65 in ein heiliges Gebiet der Guanchen. Die Strecke von San Bartolomé nach **Santa Lucía** ist gesäumt von mächtigen alten Eukalyptusbäumen, deren stellenweise kahle Stämme weiß leuchten (die Bäume werfen ihre

Hunger beim Chico?

Rund um die Fußgängerzone gibt es in San Bartolomé reichlich Gelegenheit, satt zu werden. Zwei Beispiele:
***La Cueva**, Calle Tamarán 15, tägl. 10-13 Uhr, Aug/Sep manchmal Do geschl., rustikal eingerichtet, Kinderteller (wahlweise Hühnerbrust, Chicken Nuggets, Fischfilet oder kleines Steak, jeweils mit Pommes) € 4,80.*
***La Hacienda del Molino**, Calle los Naranjos 2, außer Mo mittags und abends, schöner Innenhof, Tapas (1/2 Portion) € 4,50, Pasta ab € 6, Schnitzel € 7,50.*

Der vielseitige Jakobus

Der Gedenktag des Santiago bzw. des hl. Jakobus ist in der evangelischen und katholischen Kirche der 25. Juli, an dem im Mittelalter in vielen Gegenden Europas Erntefeste oder Kirmes gefeiert wurden. In ländlichen Gegenden ist dies auch heute noch der Fall. Dort werden die ersten Frühäpfel auch Jakobiäpfel genannt und es gibt Jakobimärkte. Am Jakobstag gelten bis heute wichtige Bauernregeln, z. B.: „Jakobi heiß – lohnt Müh' und Fleiß" oder „Jakobi klar und rein, wird's Christfest frostig sein." Jakobus der Ältere ist weiterhin Schutzpatron von Spanien, der Pilger, der Apotheker und Drogisten, der Hutmacher, Wachszieher und Kettenschmiede, der Krieger, der Schröter (sie transportierten Weinfässer), der Arbeiter, für Äpfel und Feldfrüchte sowie für das Wetter.

von Schädlingen befallene Rinde ab). Im Ortsteil **Taidía** geht es links ab zur **Donkey Safari las Tirajanas** (siehe Kap. „Die tollsten Attraktionen für Kinder", S. 93). Nächste Station ist das gepflegte **Santa Lucía de Tirajana** mit dem am Ortsausgang stehenden, architektonisch auffallenden **Museo Castillo de la Fortaleza** [Calle Vicente Sánchez Araña s/n, tägl. 9-19 Uhr, € 2 (ab 12 J.)]. Der frühere Bürgermeister von Santa Lucía, Vicente Sánchez Araña, war ein glühender Verehrer der altkanarischen Kultur. Er hatte die Fortaleza de Ansite entdeckt und zahlreiche Fundstücke gesammelt. Sie sind neben anderen Sehenswürdigkeiten in 16 Räumen des skurrilen Museums ausgestellt. Im selben Komplex serviert das urige Restaurant Hao kanarische Gerichte.

Die Fluchtburg Fortaleza de Ansite

Schon bei der Fahrt von San Bartolomé nach Santa Lucía ist rechts unten eine Felsenburg zu sehen, die **Fortaleza de Ansite**. Etwa vier Kilometer südöstlich von Santa Lucía biegt eine Nebenstraße nach Süden ab zum Dorf La Sorrueda. Bald ist die Abzweigung zum historischen Fort deutlich ausgeschildert, der Weg gut befahrbar. Vom etwas wilden Parkplatz, Festplatz der Canarios, geht es hoch zum bizarren, von Höhlen durchsetzten Felskomplex. Der Anstieg ist kurz, aber teilweise schwierig, kleinen

Hierher, nach Ansite, flüchteten 1.600 Guanchen vor den Spaniern

Wanderern muss geholfen werden. In dieser historischen Landschaft wird die Fantasie geweckt, entsteht das Leben der tapferen Guanchen vor dem geistigen Auge. Und hier ergibt sich wieder einmal die Gelegenheit, die Muskeln im bergigen Gelände aufzulockern. Ein natürlicher Tunnel durchbohrt eine mächtige Grotte, gibt den Blick auf den schroffen Barranco de Tirajana und zum Roque Aguayro frei.

Diese dramatische Bergwelt im Zentrum Gran Canarias machte den spanischen Eroberern schwer zu schaffen. Die flachere Küstengegend hatten sie schon im Jahr 1478 nach heftigem Widerstand der Guanchen erobert. Deren Heerführer zogen sich nebst Anhang in die unwirtliche Bergwelt zurück. Rund um die Fortaleza kann der Kampf und der Untergang eines tapferen Volkes heute noch gedanklich nachvollzogen werden. Nur noch 1.600 freie Altkanarier konnten vor der von Waffen strotzenden Übermacht hierher flüchten. Einer der ihren, der letzte König von Gáldar, Tensor Semidán, von den Eroberern bereits 1481 gefangen genommen und in Spanien getauft, überredete die widerspenstigen Guanchen zur Aufgabe. Freies Geleit wurde ihnen zugesichert, wenn auch sie zum christlichen Glauben überträten. Alle schworen den Eid auf die kastilische Krone, bis auf zwei Guanchenanführer – sie stürzten sich lieber von der Fortaleza de Ansite in die Tiefe (siehe auch S. 121). Ihnen zu Ehren wird immer noch am Roque de Ansite jedes Jahr am 29. April eine große Gedenkfeier veranstaltet. Treue Anhänger der tapferen Krieger treffen sich hier und erklären die Legende zu einer wahren Geschichte …

Tour 5:
Eine sehr holperige Sache

Maspalomas • Barranco de Arguineguin • Embalse de Chira • Barranco de Mogán • Embalse de la Cueva de las Niñas • Maspalomas

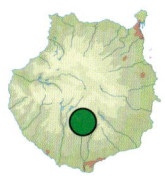

Wo: vom Süden der Insel bis zur Mitte – Wie: im Jeep – Dauer: Tagestour – Nicht vergessen: festes Schuhwerk, Windjacke, Sonnen- schutz, Fernglas, Kamera, Wasser

Reiseführer Freddy erklärt den Verlauf der Jeeptour

Eine Jeeptour ist eine raue, aber auch eine lustige Angelegenheit. Zunächst dirigiert der Teamleiter die Gäste zum Gruppenfoto, dann heißt es, für den begleitenden Kameramann zu lächeln, einsteigen und ab geht das Vehikel. Zunächst auf Asphalt zur Eingewöh- nung, dann aber – und das ist hier der Sinn der Sache – offroad, das heißt hoch über den wilden Barrancos, knapp an der Felswand vorbei über Stock und Stein. Am Ende sind alle fix und fertig, aber glückselig über das derbe Gelände- abenteuer.

Fast jeder Reiseveranstalter bietet Jeepsafaris vor Ort an. Wer sich unab- hängig machen oder ohne Veranstalter an einer Safari teilnehmen möchte, wendet sich am besten an **Canex** [Cana- rian Excursions, Playa del Inglés, neben Hotel Riu Palace Maspalomas, Tel. 928 77 20 58, Teilnehmerpreis € 48, Kinder (4-11 J.) halber Preis].

Die Gäste werden im Hotel abgeholt, Sammelpunkt ist dann **Maspalomas**.

Der Teamchef Freddy, der stets einen Witz parat hat, fragt die Nationalitäten ab und erklärt, die Landkarte auf der Motorhaube, den Ablauf der Tour in ver- schiedenen Sprachen. Ein „Cheese" für Fotograf und Kameramann, die Bilder und den Videofilm kann man hinterher kaufen – also bitte recht freundlich. Außer dem Fahrer haben in den meisten Geländewagen sechs Passagiere Platz. Zunächst geht es gemütlich über den Vorort El Tablero auf die GC 604. Links und rechts fliegt die Insellandschaft mit Schluchten und Vulkanbergen vorbei, in einem Barranco leuchten die vielfarbigen Rutschen des Wasserparks von Maspalomas herauf (siehe Kap. „Die tollsten Attraktionen für Kinder", S. 86).

Im Barranco de Siberio kann man fast die Wolken anfassen

Von den Felswänden lösen sich Falken und „rütteln" (leicht flatternd in der Luft stehend) über den Wiesen, wo sich Mäuse verstecken. Es wird bald kurvig, in Serpentinen geht es rauf und runter. Jetzt erst merken die Kinder, dass für sie der Mittelplatz besser ist, seitlich sitzend wird man stark gegen die harten Blechtüren gedrückt. Nach einer Stunde ist Pause bei der Bar **El Cazador** [GC 604, Carretera Lomos de Pedro Afonso 7, außer Safari nur Sa und So 10-14 Uhr]. Hier gibt es frisch gepressten Saft von Orangen und Papayas (Kasten rechts).

Über Stock und Stein
In der Nähe des Berges Santidad (1.193 m) verlässt die Motorkarawane die Straße, das Offroadabenteuer beginnt. Links fällt der Hang tief ab in den **Barranco de Arguineguin**. Wie Spielzeugklötze liegen weiß gestrichene Häuser zwischen Terrassen mit Orangenhainen und Kartoffelfeldern. Rechts ragen die basaltischen Felswände hoch bis in den Himmel, der Abstand zwischen Geländewagen und Fels beträgt gerade einmal zwei Zentimeter. Felsbrocken liegen

im Weg, rumpeldipumpel hüpfen die gequälten Reifen der Jeeps über sie hinweg, Steine spritzen zur Seite, die Insassen suchen nach Halt, Kinder quietschen vor Vergnügen, die älteren Passagiere stützen sich auf den Sitzen ab, um die Wirbelsäule zu schonen.

Pause von der holperigen Massage gibt es an einer früher bewohnten Höhle. Die Neugierigen müssen bei der Besichtigung aber aufpassen, nach einem Regen steht tiefes Wasser in der „Altbauwohnung". Draußen liegt ein Schlauch auf einer Steinpyramide. Wird er abgenommen und gesenkt, fließt bestes Trinkwasser aus der Leitung. Am Abhang zum Barranco sind alte gemauerte, zum Teil in den Felsen geschlagene Wasserleitungen (acequia) zu entdecken. Über 5.000 Kilometer zogen sie sich früher durch die Insel, 2.500 Kilometer funktionieren bis heute. Weiter geht die

Gäste aus Pappmaschee
Paco Zenón, Besitzer des El Cazador, hat Humor. Die jungen Mitfahrer sollten eine Runde durch den Hof machen und die lustigen Pappmascheefiguren suchen, die den Hof verzieren: Ein Kamel schiebt seinen Kopf durch den Tresen an den Zapfhahn, ein fein gekleidetes Schwein sitzt auf einem Stuhl, eine Kuh auf einem Barhocker, ein Esel hockt betrunken an der Mauer. Und draußen wartet schon der echte kleine Esel, er weiß, dass es bei jeder Safari auch für ihn ein Glas Saft gibt.

Feuerresistenter Baum

*Die **Kanarenkiefer** (Pinus canariensis) kann 30 Meter hoch und bis zu 300 Jahre alt werden. Ihre 30 cm langen Nadeln „melken" die Passatwolken, das Wasser kondensiert und tropft dann in den Boden, der Baum gießt sich sozusagen selbst. Im Laufe der Evolution hat sich diese Kiefer an durch Vulkanausbrüche entstandene Waldbrände gewöhnt: Durch eine dicke Borke mit feuerfestem Harz wird der Kern des Stammes geschützt und schon ein Jahr nach einem Brand treibt der Baum wieder grüne Äste aus. Auch die Samen sind hitzeresistent, sie überdauern in geschlossenen Kiefernzapfen jeden Waldbrand und sorgen für die Verbreitung des „Wolkenmelkers".*

Rumpeltour, in 800 Meter Höhe stehen viele **Kanarenkiefern**. Ihre schwarzen Stämme erinnern an das schlimme Feuer im Jahr 2007, ein Drittel des Inselwaldes fiel ihm zum Opfer. Doch die Bäume treiben schon wieder grüne Äste aus (siehe Kasten oben).

64 Stauseen

Ende der Rüttelei ist dann an einem Stausee, am **Embalse de Chira**. Alle strecken die Glieder, sortieren ihre Knochen. Es bleibt Zeit, in der Landschaft herumzutoben, oder sinnierend am Ufer zu sitzen oder nach den hier schwimmenden dicken Karpfen zu suchen. Insgesamt

64 Stauseen gibt es auf der Insel, sie dienen vorwiegend als Wasservorrat für die Landwirtschaft. Nach einem regenreichen Winter sind sie randvoll, nach Trockenzeiten bleibt oft nur noch eine Pfütze. Baden ist in den Seen offiziell verboten, aber bei Ausflügen sieht man häufig, dass sich die Canarios mitnichten danach richten. Knurrt jetzt der Magen? Darauf hat der Teamchef gewartet, „alles aufsitzen" kommandiert er und nach kurzer Strecke ist außerhalb von Ayacata die Bar **La Candelilla** erreicht. Das einfache Essen mit Hähnchenbrust, Kartoffeln und Salat schmeckt allen, Hunger ist eben doch der beste Koch.

Von Ayacata führt die mit Serpentinen gespickte Asphaltstraße GC 605 abwärts durch den **Barranco de Mogán**. Auf halber Strecke liegt der zauberhafte **Stausee Embalse Cueva de las Niñas** mit Picknickplatz und Grill. Auf der Jeeptour bleibt allerdings keine Zeit, ihn zu besuchen. Vielleicht bei der nächsten Tour (siehe Tour 9, S. 74)?

Auf der Hauptstraße, der GC 200, angekommen, geht die Fahrt in rasantem Tempo nach Maspalomas. Dort steigen die Safarigäste jeweils in den Jeep um, der sie zurück ins Hotel bringt.

Kurzer Stopp am Embalse de Chira, einem der 64 Stauseen der Insel

Tour 6: Mit gehisstem Segel um die Insel

Puerto Rico • Barrancos de Veneguera, Tasarte und Tasártico • El Descojonado

Wo: entlang der Südwestküste – Wie: mit dem Katamaran – Dauer: Halbtagestour – Nicht vergessen: Badesachen, Badetuch, Sonnenschutz und Fernglas

Ein Inselurlaub ohne Bootsausflug ist wie ein Teller ohne Essen. Auf Gran Canaria versammeln sich die meisten Ausflugsboote im Hafen von **Puerto Rico** im Süden der Insel. Bei Familien sind Katamarane, Boote mit zwei Bootsrümpfen, deshalb beliebt, weil ihr Deck viel Platz für Spiel, Tanz und Fangen bietet. Die Erwachsenen genießen die Ruhe, rekeln sich in bequemen Sesseln oder nehmen auf den Planken ein Sonnenbad. Wer Durst hat, geht runter in die Bar – Säfte, Bier oder Wein sind im Preis inbegriffen, ebenso das einfache Mittagsmahl [Buchung in Deutschland über Isango, Tel. 089 121 40 08 28, kontakt@isango.de, www.isango.de, Buchung am Urlaubsort bei Reisebüros oder dem Reiseveranstalter, Mai-Okt,

![Katamaran SUPER CAT]

Der Katamaran „Dolphin Super Cat" bietet viel Platz für die Passagiere

Ein paar Schiffsregeln

Beim Ab- und Anlegen des Katamarans nicht im Blickfeld des Kapitäns stehen.
Legere Kleidung ist erwünscht, „oben ohne" nicht.
Nicht über die Reling beugen.
Erst beim angekündigten Schwimmstopp ins Wasser springen.
Nach Benutzung der Toiletten kein Papier in die Kloschüssel werfen.
Für mitgebrachte Getränke keine Becher aus Glas benutzen.

Dauer der Bootstour ca. 5 Std., Abholservice im Hotel, Erw. ca. € 49,50, Kinder (3-12 J.) € 25].
Punkt 10.30 Uhr beginnen die Motoren der „Dolphin Super Cat" zu brummen. Die Kinder stehen an der Reling, wollen sehen, wie es der Riesenkasten schafft, ohne Havarie den Hafen zu verlassen. Dann übernimmt das große Segel mit Windkraft die Fahrt gen Norden. Lautlos pflügt der Katamaran durch das tiefblaue Meer. Mit dem Ellbogen auf dem Handlauf der Reling betrachten die Familien die Möglichkeiten für den nächsten Ausflug: Die Playa von **Puerto Rico** rauscht vorbei, dann die wunderschöne **Playa de los Amadores**, gleich darauf die große **Playa de Mogán** mit einem der schönsten Hafenstädtchen Gran Canarias (siehe Kap. „Kinderfreundliche Strände", S. 26). Aus dem Hafenbecken schiebt sich gerade das knallgelbe U-Boot „Yellow Submarine" Richtung Tauchgrund, eine nicht eben billige Attraktion, die der

ganzen Familie trotzdem Freude bereitet (siehe Kap. „Die tollsten Attraktionen für Kinder", S. 90).

Inselgeschichte im Fels

Ein hoher Fels erregt die Aufmerksamkeit, wer ein Fernglas hat, zoomt den Berg heran und entdeckt auf ihm wie aus dem Stein gehauen eine Mönchsgestalt und ein liegendes Kamel. Das Band der kurvigen Küstenstraße schmiegt sich in die Landschaft, auf ihr flitzen eilige Autos und flippige Motorradfreaks. Doch hier auf dem Schiff ist ihr Krach nicht zu hören, die Hektik dort oben berührt die Passagiere nicht. Langsam gleitet die „Dolphin Super Cat" an senkrecht abfallenden Felswänden vorbei. Auffallend sind die vielen Streifen, die wie Jahresringe von Bäumen über geologische Vorkommnisse berichten: grau bis hellgelb die Tuffschichten, dunkelbraun bis schwarz der harte Basalt. Die Sandwichformationen erzählen von heftigen Vulkanausbrüchen im Laufe der Jahrtausende: Die staubfeine Vulkanasche senkte sich auf das Land und verfestigte

Vom Wasser aus kann man neue Ausflugsziele entdecken

Platz zum Toben gibt es auf dem Schiff genug, aber Vorsicht ist geboten

sich, andere Ausbrüche schoben heiße Magma darüber und bildeten dunkle, harte Basaltformationen. Übrigens kürten Geowissenschaftler den Tuff zum „Stein des Jahres 2011".

Falten der Insel

Von fernen Zeiten, als wilde Sturzbäche weiche Teile aus dem felsigen Boden lösten und der Insel Gran Canaria ein faltiges Gesicht furchten, erzählen die Schluchten – die Barrancos –, die der Katamaran passiert. Hier können furchtlose Autofahrer schon einmal Maß nehmen, welche der drei Einschnitte zwischen Mogán und La Aldea de San Nicolás sie bei einem Ausflug bezwingen wollen. Zuerst schiebt sich der **Barranco de Veneguera** ins Bild, der inzwischen nach Bauarbeiten leichter zu befahren ist, an seinen Hängen kleben aus Kunst-

stofffolien gebaute Gewächshäuser für Tomaten und anderes Obst und Gemüse. Nach einer Weile ist der **Barranco de Tasarte** zu sehen, er endet an einem breiten, beliebten Steinstrand, hinter ihm am Berg eine ausgedehnte Papayaplantage. Die dritte Schlucht ist die wildeste: Elf Kilometer schwierige Holperstrecke bietet der **Barranco de Tasártico**, mit Jeep oder hoch liegenden Autos

Wo die Flipper schwimmen

*In den kanarischen Gewässern tummeln sich zahlreiche Delfine und Wale. Mit **Whale-Watching** werben viele Boote in den Häfen – ein unvergessliches Erlebnis nicht nur für Kinder. Dabei ist zu bedenken: Manche Kapitäne stören das Familienleben der Tiere mit zu lautem Motorengeräusch und zu geringem Abstand, um den Gästen die beste Aussicht zu bieten. Doch die Vorschriften sagen: Motoren runterdrehen, 60 Meter Abstand, nicht schwimmen und nicht füttern. Es ist schwierig, diese Bedingungen zu kontrollieren. In Puerto Rico sollen sich vor allem zwei Boote an die Vorschriften halten: der Katamaran „Dolphin Super Cat" und das Ausflugsboot „Spirit of the Sea" (Buchung siehe S. 58 bzw. Infos unter www.okgrancanaria.com). Erw. € 25, Kinder (3-12 J.) € 12,50, Hotel-Abholung € 6 pro Person, Dauer der Tour 2-3 Std.*

schwitzend zu bewältigen, ein paar Angler und ein schwarzer Steinstrand sind vom Schiff aus zu entdecken.

Falin, unser kleiner Schiffsjunge, interessiert sich mehr für die Matrosen, die sich an den Tauen des mächtigen Segels zu schaffen machen. Mit etwas Mühe löst sich das obere Ende des Segels vom Mast, das Tuch wird langsam nach unten geführt, legt sich in großen Falten auf das Deck. „Warum das?", will Falin wissen. Der Kapitän erklärt: „Wir brauchen jetzt keine Fahrt mehr, lassen uns langsam von den Wellen zurücktreiben."

Die „Dolphin" hat den westlichsten Punkt Gran Canarias erreicht, markiert von dem 300 Meter hohen Felsen **El Descojonado**. Im Westen ist bei guter Sicht Teneriffas Teide zu sehen, mit 3.718 Metern Spaniens höchster Berg, im Winter mit leuchtendem Schnee bedeckt.

Köpper in den Ozean

In einer ruhigen Bucht werden endlich die Wünsche vieler Passagiere erfüllt: Stopp für eine Stunde Schwimmen. Die Mutigen stürzen sich mit einem Köpper (Kopfsprung) vom Unterdeck, die Vorsichtigen steigen auf das Treppchen und messen mit den Zehen die Wassertemperatur. Vom Ufer kommt ein Jetskifahrer und sucht Freiwillige oder er schleppt das ans Schiff angeleinte Bananenboot über die Wellen, fährt steile Kurven, bis endlich ein Bananenritter unter dem Gelächter der anderen Urlaubsgäste kopfüber in den Atlantik stürzt.

Auf den letzten Meilen des Ausflugs legen sich alle noch einmal in die Sonne, genießen die Wärme und das lautlose Gleiten des doppelrumpfigen Schiffes. Dann zeigt der Kapitän beim Anlegemanöver seine Künste, lenkt mit viel Geschick und Gespür den Koloss Richtung Kaimauer, die Besatzung hängt mehrere Fender (das sind die großen, vor Kratzern schützenden Bälle) an die Seite, die Festmacherleine wird an Land geworfen und von einem Helfer über den Poller gestreift. Vorsichtig gehen die erholten Urlauber auf die Gangway, halten sich krampfhaft am Fallreep, dem dicken Tau fest, denn es geht steil nach unten: Die Flut hat das Schiff um etwa einen Meter gehoben.

Endlich ist es so weit: Wer wagt einen Kopfsprung in die kalten Fluten?

Tour 7:
Die Majestäten im Gebirge

Ayacata • Roque Nublo • Pico de las Nieves • Tejeda • Roque Bentayga

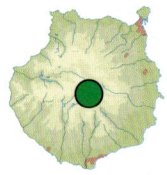

Wo: Inselmitte, nördlich San Bartolomé – Wie: mit dem Auto und zu Fuß – Dauer: Tagesausflug – Nicht vergessen: voller Tank, für Empfindliche Mittel gegen „Seekrankheit", warme Kleidung, Windjacke oder Pullover, feste Schuhe, Kopfbedeckung, Wanderstöcke, Kamera, Fernglas

Wer Gran Canarias stolze Riesen beehren möchte und an der Costa Canaria startet, nimmt am besten den Weg über San Bartolomé (siehe Tour 4, S. 52) und von dort nordwärts weiter auf der GC 60. Die Strecke ist sehr kurvig, die Straßen manchmal sehr eng und oben pfeift der Wind, warme Kleidung ist sinnvoll. An der Vegetation lässt sich auch die Veränderung des Klimas ablesen. Unten beginnt es mit subtropischer Vegetation, dann folgen Gärten mit exotischen Früchten, bald stehen mächtige Eukalyptusbäume mit ihren weißen Stämmen, deren Borke sich in Streifen ablöst, am Weg. Die Vegetation geht schließlich über in große Bestände aus Kiefern und Steineichen. Wer jetzt aussteigt, spürt sofort kalten Wind um die Nase wehen, und ganz oben verrät der Name des höchsten Berges, des **Pico de las Nieves**, was die Besucher erwartet: Übersetzt heißt die Majestät „Schneeberg"!

Auf dem Weg zur Inselmitte lohnt der Blick zurück, unten liegt **San Bartolomé** malerisch am Rande der Caldera. Rund elf Kilometer sind es dann bis **Ayacata**, einer Häuseransammlung auf 1.290 Meter Höhe. In der **Casa Melo** [an der Kreuzung der Straßen GC 60/ GC 605, Kernzeiten 10-17 Uhr] legen viele Ausflügler eine Rast ein, das urige Restaurant bietet Inselspezialitäten zu zivilen Preisen. Von hier geht es aufwärts zu den landschaftlichen Höhepunkten: zum Roque Nublo (1.813 m) und zum höchsten Inselberg, dem Pico de las Nieves (1.949 m), später auch zum heiligen Roque Bentayga (1.404 m).

Der Mönch, der Frosch und der Nebelfels

Der **Roque Nublo** liegt fast zum Greifen nahe über Ayacata, nur vier Kilometer sind es bis zu einem Parkplatz auf der linken Seite mit Blick über die mit Kanarenkiefern bewachsenen Höhen. Von oben grüßt bereits ein langer Finger des Bergheiligtums, das seine mystische Eigenart aber erst jenen vermittelt, die eine kleine Wanderung wagen. Etwa 45 Minuten dauert der Aufstieg, nicht allzu schwierig, vorwiegend durch Wald, an dessen Rand gelber Ginster und weiße Margeriten blühen. Als Wegweiser oben auf dem Kamm stets die Figur El Fraile, eine zu Stein gewordene Mönchsgestalt, vor Augen. Über ein Felsenplateau geht es auf ca. 100 Metern rüber zu den zwei markanten Felsen, dem zum Sprung ansetzenden Rana (Frosch) und dem immer einmal wieder von Wolken verdeckten Roque Nublo. Die Passatwolken, die sich am Berg oft die Nase platt drücken, gaben dem Felsen den Namen, übersetzt: der Nebelfels. Wer zur Nordwestecke vorsichtig kraxelt, kann sehen, dass der Basaltbrocken von Wind und Wetter zu einem Guanchenkopf modelliert wurde. Bei klarer Sicht reicht der Blick nach Westen über die Caldera de Tejeda zum **Roque Bentayga**, einem Guanchenheiligtum (siehe S. 66 ff.). Auf dem Atlantik schiebt sich die Spitze des Teide, Teneriffas und ganz Spaniens höchster Berg, über die meist zwischen den Inseln ruhende Passatwolke himmelwärts.

Viele Ausflügler bleiben unten auf dem Parkplatz, ihnen genügt der Blick nach oben. Gut für uns, oft herrscht Ruhe hier oben, wir können uns hinsetzen und die wunderbare Natur genießen. Und wir können allmählich verstehen, warum sich die Guanchen gerade dieses Plateau ausgesucht haben, um bei strengem Fasten in sich zu gehen.

Traumhafter Blick vom Roque Nublo auf die weißen Häuser von Tejeda

Was für ein Ausblick!

Vom Parkplatz unterhalb des Roque Nublo aus sind es noch einmal knapp zwei Kilometer aufwärts zu einer Kreuzung, deren Straßen geradeaus Richtung Vega de San Mateo, links zum Cruz de Tejeda, rechts nach drei Kilometern zum Pozo de las Nieves mit der höchsten Erhebung, dem **Pico de las Nieves** (1.949 m) führen: „Los Pechos" steht auf dem Wegweiser, übersetzt „die Brüste". Damit sind die zwei Radarkugeln gemeint, die des Berges Spitze markieren – verbotenes Militärgebiet. Doch unter dem Gipfel liegt ein großer Parkplatz mit dem schönsten Blick nach Westen, im Vordergrund zum Roque Nublo, und nach Süden zum Meer über das weiß leuchtende San Bartolomé hinweg. Dort oben machen manchmal mehrere Busgruppen Halt, man schafft es kaum bis zum Rand des Miradors. Deshalb ist es ratsam, schon vorher an einem der kleinen Plätze zu stoppen, um in Ruhe die einmalige Aussicht zu genießen, die bisher gefahrene Strecke vom Barranco de Fataga bis hinunter an die Ufer der Costa Canaria von oben zu betrachten und tolle Postkartenmotive zu schießen. Die Fahrt geht weiter zum Cruz de Tejeda (ausgeschildert). Hobby-Botaniker entdecken auf dem Weg die hohen Sträucher des Kanarenampfers mit seinen ledrig-fleischigen Blättern, dunkelviolett blühenden und streng riechenden Kanarensalbei, in den Felsspalten das Gewelltblättrige Aeonium, dessen Blätter Rosetten bilden, aus denen sich gelb leuchtende Blütenpyramiden emporrecken.

Ohne feste Schuhe nicht möglich: der Aufstieg zum Roque Bentayga

Lustiges Aufwärmspiel

Bei einer Rast in den Bergen machen wir uns warm. Alle schwärmen aus und sammeln alles, was auf dem Boden liegt: Steine, Äste, Rinde, Zapfen, Blätter etc. Nun wird ein Quadrat markiert, je nach Beschaffenheit des Bodens bis zu 5 Quadratmeter. Die Fundsachen werden im Quadrat verteilt, danach haben alle eine Minute Zeit, sich die Situation einzuprägen. Die Spieler drehen sich um, der Spielleiter dreht einen Stein um, legt einen Zapfen dazu, zwei Blätter aufeinander usw. Nun dreht sich die Gruppe um, wer zuerst alle veränderten Punkte entdeckt hat, wird geehrt. – Noch nicht warm? Dann in die Quadratmitte einen Stein oder Ähnliches legen, jeder bekommt einen Kiefernzapfen, wer ihn am nächsten in die Mitte wirft, ist Sieger.

In der Inselmitte

Geografischer Mittelpunkt der Insel ist die Kreuzung **Cruz de Tejeda** (1.500 m) mit dem historischen Parador, eine romantische Übernachtungsmöglichkeit (siehe Kap. „Fakten von A bis Z", „Unterkünfte", S. 108). Vor allem am Wochenende hat man das Gefühl, an der mit Verkaufsständen bepflasterten Wegkreuzung halte sich die gesamte Inselbevölkerung auf. Mitten in der erhabenen Landschaft, etwas nach Westen versetzt, ragt die auffallend schlanke Spitze des

Roque Bentayga aus dem Nebelmeer. Der „heilige Berg" oder auch „geheime Platz" ist über das pittoreske Bergdorf **Tejeda** zu erreichen, das unbedingt einen Stopp wert ist.

Mitten in einem Meer von Mandelbäumen liegt der Ort am Rande der **Caldera de Tejeda**, Gran Canarias schönstem Vulkankrater, mit 25 Kilometer Durchmesser auch der größte. Als Besuchszeit empfiehlt sich vor allem Ende Januar/ Anfang Februar, wenn die ganze Landschaft in das rosa und weiß leuchtende

Marzipan und Mandelkuchen mampfen

*Wer nach dem Besuch des Bentayga Appetit verspürt, hat in Tejeda mehrere Möglichkeiten. Zum Naschen für unterwegs möchten vor allem die Kinder keinesfalls auf die aus Mandeln gemachten schmackhaften „süßen Stückchen" und Marzipan verzichten. Sie sind in der Ortsmitte in der Dulcería Nublo (Calle Dr. Domingo Hernández Guerra 15, tägl. 9-18 Uhr) zu haben. „Garantiert ohne Konservierungsmittel", versichert die Konditorin. Wenn die Kleinen höflich fragen, dürfen sie auch die „Werkstatt" besichtigen. Wer weniger auf Süßes steht, findet in der Bar **Sombra del Nublo** (Calle Dr. Domingo Hernández Guerra 12, Mo geschl.) ab 10 Uhr durchgehend kanarische Küche und schmackhafte Tapas.*

Blütenmeer der Mandelbäume getaucht wird. Zusammen mit dem hübschen **Valsequillo** (zwischen Tejeda und Telde) wird abwechselnd am ersten oder zweiten Februarsonntag das Mandelblütenfest gefeiert, recht ausgelassen, mit viel Folklore und Culinaria.

Aufstieg zum heiligen Berg der Guanchen

Vom Ort aus ist schon der **Roque Bentayga** zu sehen, bei der Weiterfahrt auf der GC 15 Richtung Ayacata wird deutlich auf die Sehenswürdigkeit hingewiesen. Am Parkplatz zum Roque wurde das Centro de Interpretación del Parque Arqueológico del Bentayga eingerichtet. Leider ist es verwahrlost wie so viele Informationszentren, die von den Gemeinden übernommen wurden, die für die Erhaltung dann aber kein Geld hatten. Die Besteigung des heiligen Berges verlangt nach dem gepflasterten Anstieg größte Vorsicht. Ohne festes Schuhwerk wird es nicht gelingen, außerdem müssen alle Beteiligten absolut schwindelfrei sein, das letzte Stück auf schmalen Stufen ohne Absicherung hat es in sich (für Kinder erst ab dem Schulalter geeignet). Und man muss bereit sein, einander hoch zu helfen, die Muskeln werden ganz schön strapaziert. Dann aber stehen die Sieger keuchend vor einem atemberaubenden Ausblick – und vor dem **Almogarén** (Kultplatz), der besterhaltenen Kultstätte der Altkanarier auf dem Archipel. In dem aus dem Fels geschlagenen Rechteck sind tiefe Rillen mit einer kreisförmigen Mulde in der Mitte verbunden – ein Altar für Trankopfer, wird vermutet. Zu den befestigten Kultplätzen zogen die Altkanarier in Pro-

Alte Rituale

Die „Herimaguadas", adlige junge Frauen, die sich dem religiösen Leben verschrieben hatten, schütteten unter Aufsicht des „Guanarteme" und des „Faycán", des Königs und des Hohepriesters, Wasser oder Milch in die Rillen des Trankopferaltars am Roque Bentayga. Junge Lämmer wurden von ihren Muttertieren genommen, ihr ängstliches Drehen galt als heiliger Tanz, ihre Schreie nach der Mutter sollten Gott gnädig stimmen. Anschließend zogen die heiligen Frauen hinunter zum Meer, nahmen ein kultisches Bad, schlugen das Wasser mit Palmzweigen und riefen „Almene corán" – „Gott helfe mir".

zessionen, wenn sie Alcorac, ihren Gott, um Regen, Heilung von Krankheiten oder im Krieg um den Sieg über die Feinde anflehten.

Der etwa 500 Meter lange Basaltblock zeigt an seiner Rückseite Gravierungen aus verschiedenen Epochen der Vorgeschichte Gran Canarias, schematische Darstellungen von Menschen und Tieren, megalithische Zeichen, Kreise und Spiralen. Viele ähneln jenen Felsgrafiken, die in Nordwestafrika, an der Küste der Biskaya, in der Bretagne und in Irland gefunden wurden. Für viele Wissenschaftler Beweise, dass die Ureinwohner Gran Canarias vom Cromagnonmenschen abstammten.

Tour 8:
Wanderung von Dorf zu Dorf

Roque Bentayga • La Solana • El Chorrillo • El Carrizal

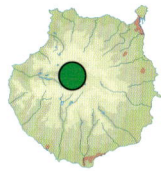

Wo: südwestlich vom Cruz de Tejeda – Wie: Anfahrt mit dem Auto, dann Wanderung hin und zurück – Dauer: Halbtagestour (ohne An- und Abfahrt) – Nicht vergessen: Proviant und Wasser, Sonnenschutz, Wanderschuhe, evtl. Wanderstöcke, Kamera, Fernglas

Das wahre Gesicht Gran Canarias lernen Sie nicht in den touristischen Zentren kennen, sondern fernab in Dörfern und inmitten der unverbauten Landschaft – zum Beispiel rundum in den unteren Regionen der Insel, dort, wo noch Landwirtschaft betrieben wird und wo die Vegetation sich in einer wunderbaren Vielfalt präsentiert. Oder in den

Wie kommen Pflanzen auf eine nackte Vulkaninsel?

Am Anfang war Gran Canaria eine trostlose Vulkaninsel, weit weg von grünen Kontinenten. Nur Flechten und Algen konnten allmählich auf den Felsen gedeihen. Viele Pflanzen sind in ihren Ursprungsräumen (Europa und Afrika) durch klimatische Veränderungen ausgestorben, konnten aber im gesegneten Klima der Kanaren weiterleben. Gebracht hat die Saatkeime der Wind, der sie auf die mit Flechten bedeckten Steine setzte. Wandernde Seevögel, die in Felsennischen geeignete Brutplätze fanden, düngten die dünne Pflanzenschicht, schieden aber auch gleichzeitig Samen der östlichen Flora aus oder streiften sie aus ihrem Gefieder. Und die ewigen Wellen brachten von den Kontinenten Äste mit Früchten und Samen, die an manchen Stellen den richtigen Boden fanden und sich vermehrten.

Mit Flechten und Algen begann der botanische Siegeszug auf der Insel

kleinen Senken zwischen den Bergen, beispielsweise unterhalb des **Roque Bentayga** (siehe Tour 7). Sauerklee säumt den Pfad, Teufelskrallen leuchten dunkelviolett, Wermutgewächse und wilde Gladiolen schmücken die Füße der vielen Ginsterarten, pralle Aeonien, Agaven und Wolfsmilchgewächse grünen in den Tag. Die Fantasie wird angeregt und manches Kind fragt vielleicht, wie die vielen Pflanzen auf die wilde Vulkaninsel gekommen sind (siehe Kasten S. 67).

Begegnung mit maulfaulen Bauern

Neben der reichen Botanik begegnet dem forschenden Wanderer auch der kanarische Mensch. Auf Wanderwegen hoch zu einem Cumbre (Berggipfel) oder runter in ein Valle (Tal) – auf versteckten Wegen – ist das Urtümliche noch am Leben. Hier gibt es noch den maulfaulen Bauern, der seinen Muli am Waldesrand „parkt" und mit Futter belädt. Hier trifft man noch in kleinen Ortschaften den Hanswurst, sozial abgefedert durch Familie und Gesellschaft, den Opa mit einer längst abgebrannten Kippe im Mundwinkel und die Oma, die seit Jahrzehnten Schwarz trägt, weil sie für das restliche Leben Witwe blieb. Wo die Kinder noch einen alten Autoreifen mit einem Stock antreiben, mit Kieselsteinen eine Art Boccia spielen oder mit einem Taschenmesser aus einem Ast eine Holzpfeife schnitzen. Solche Erlebnisse bereichern einen schönen Ferientag, wenn sich die Familie gemeinsam auf Wanderschaft begibt.

Packen Sie ausreichend Verpflegung in den Rucksack ein, denn nicht viele Restaurants liegen auf dem Weg.

Auf engen Straßen zwischen den Dörfern haben die wolligen Vierbeiner Vorfahrt

Sackgasse – alle aussteigen!

Los geht's also mit dem Auto auf die Strecke nach Ayacata (siehe Tour 7) und von dort Richtung Tejeda. Vier Kilometer vor Tejeda kommt die Abzweigung Bentayga/Cuevas del Rey, La Solana, El Chorrillo (8,5 km). Bei der Fahrt ins Tal öffnet sich eine der schönsten Landschaften der Insel: **La Solana** am grünen Hang mit Terrassenfeldern, dazwischen einzelne Pappeln und Veroden, Agaven und Opuntien an den Mäuerchen. Gekrönt wird das Bild vom Roque Bentayga, rechts davon lugt sogar der Roque Nublo mit seinem „Haustier", dem so genannten Rana (Frosch), neugierig ins Tal (siehe Tour 7, S. 63).

Im letzten Flecken, in **El Chorrillo**, ist „das Ende der Welt" für die Autofahrer. Noch eine Brücke, dann hoch zum Ort. Der Wagen muss davor auf einem kleinen Parkplatz abgestellt werden, in das Dörfchen führen nur Treppengassen. Das einst verlassene Nest belebt sich vor allem an Wochenenden, wenn die in der Stadt wohnenden Hauseigentümer wieder ihre Terrassenfelder bestellen. Auf dem Weg nach oben liegt an der Hauptgasse rechts eine Tienda, in der man sich mit Getränken versorgen kann. Und wo man sich vergewissert, ob es die richtige Strecke zum Wanderweg ist, der oberhalb des Dorfes beginnt. Ziel: das hinter dem Bergmassiv Roque de los Pérez versteckte Dorf **El Carrizal**. Für die einfache Tour muss etwa eine Stunde veranschlagt werden, im „Guía de Senderos", einem spanischen Wanderführer, sind für die zwei Kilometer sogar zwei Stunden angegeben. Das stimmt dann, wenn man auf dem Zickzackweg die Vegetation intensiv beobachtet, der Blick

---

Kleiner botanischer Führer

Escobón heißt bei uns seltsamerweise Sprossender Zwergginster (Chamaecytisus proliferus), obwohl der hohe Baumstrauch mit weißen, später gelblichen Schmetterlingsblüten weder ein Ginster noch zwergwüchsig ist. Der Retama, ein Strauch mit dünnen grünen Ruten, ebenfalls mit weißen Blüten, riecht stark nach Honig. Sein Name wurde in die deutsche Botanikersprache übernommen: Einsamige Retama (Retama monosperma). Tabaiba schließlich ist ein Wolfsmilchgewächs, vor allem die Stumpfblättrige Wolfsmilch (Euphorbia obtusifolia) bestimmt in aufgelassenem Kulturland schnell die Landschaft, die von den Einheimischen dann Tabaibales genannt wird.

---

in den grünen Barranco und hinüber zu den heiligen Bergen der Guanchen, dem Bentayga und dem Nublo, so intensiv genießen wird, wie es diese Landschaft eigentlich verdient.

Der Duft Gran Canarias

Die Nasen beginnen zu schnuppern, wenn die Schuhe Oreganokissen streifen oder die Stiele der Bergminze bewegen. An der nächsten Biegung verstreut blau blühender Lavendel seinen unverwechselbaren Duft. Dazwischen typisch kanarische Vegetation, deren

Gestatten: Decaisnes Natternkopf, Drüsenfrucht und Sprossender Zwergginster

Namen Neulinge erst lernen müssen. Die Einheimischen bezeichnen die verschiedenen Büsche an den Abhängen der Barrancos mit Escobón, Retama und Tabaiba. Der grüne Kasten (S. 69) kann die Rätsel lösen.

Mit botanischer Neugierde kann die Wanderung schon zwei Stunden dauern. Doch nun hoch zum Berg, wo hinter der letzten Kurve unten das Bergdorf **El Carrizal** mit seinen weißen Häusern Signale gibt. Wir steigen in den mit Palmen bestandenen Barranco hinab und machen Pause in der **Bar El Cairete** unterhalb der Dorfkirche am westlichen Dorfende. Dort hat die junge Bepi (Josefa) Mut geschöpft, hofft auf regelmäßige Kundschaft in dem einst verlassenen, jetzt durch EU-Hilfe renovierten Dorf. Am Wochenende wird deftig gekocht, sonst gibt es von 11.30-19 Uhr nur Barbetrieb, Getränke und belegte Brötchen – solange der Vorrat reicht. Wenn geschlossen ist, sollen die Wanderer laut rufen, sagt die nette Wirtin Bepi selbst, sie öffnet das kleine Restaurant jederzeit.

Nach ausgiebiger Rast nehmen die Wanderer jetzt wieder den Weg zurück nach El Chorrillo. Und alle wundern sich, wie auf derselben Strecke die Eindrücke der Landschaft auf einmal ganz anders sein können.

Kleine Füße zu müde?

Eltern kennen ihre Kinder. Trotz Training wissen sie, wie schnell die Sprösslinge schlappmachen können. Besteht also Zweifel, ob der Rückweg über den Berg mit den Kleinen zu schaffen ist, die Alternative: Fahrer oder Fahrerin kurven in El Chorrillo wieder zurück auf die Hauptstraße GC 60. 3 Kilometer vor Ayacata zweigt eine kurvige Straße ab, runter nach El Carrizal (8 km). Treffpunkt dort ist Bepis Bar, wenn geschlossen, die Bank vor dem Kirchlein am Ortsanfang.

Tour 9: Schöne Aussichten, scharfe Kurven

La Aldea de San Nicolás • Barranco de la Aldea • Embalse Caidero de la Niña (auch Presa de la Aldea) • Embalse de Siberio • Embalse de Paralillo • El Carrizal • El Toscón • Ayacata • Barranco de Mogán • Embalse de la Cueva de las Niñas

Wo: im Nordwesten der Insel – Wie: mit dem Auto – Dauer: Tagesausflug (260 km) – Nicht vergessen: Tank voll machen, für Empfindliche: Mittel gegen „Seekrankheit", Proviant für Picknick, Windjacke, Kamera, Fernglas

nicht statt, von Ausflüglern abgesehen. Fern von den Urlaubszentren sind auch die Preise für Obst, Getränke und Lebensmittel günstig, der Tagesbedarf sollte vor der Weiterfahrt in die Bergwelt also hier gedeckt werden. Und: Tanken nicht vergessen.

Die Anfahrt bis La Aldea de San Nicolás über Puerto Rico und Mogán ist zur Einübung gut geeignet. Denn Kurven gibt es auf der Südweststrecke, der GC 200, ausreichend, um schon einmal die Stabilität der Beifahrer zu prüfen. Unterwegs wird das Auge fasziniert von Los Azulejos, blauen und grünen Felsschichten, stark mineralhaltigem Tuffgestein. Autofahrer aufgepasst: Je nachdem, aus welcher Richtung man kommt, plötzlich gibt es kein San Nicolás mehr, nur noch **Aldea**. Der alte Name aus der Guanchenzeit setzt sich wieder mehr durch. Aldea, ein wichtiges landwirtschaftliches Zentrum, signalisiert durch Felder und monströse, mit Plastikdächern abgedeckte Treibhäuser (siehe Kasten S. 72) den Wirtschaftsfaktor Nummer eins des äußersten Westens: Tomaten, Kartoffeln, Gemüse, Bananen, Avocados und Orangen werden hier angebaut. Tourismus findet hier

Ein Stück Geschichte im Barranco de Mogán: Molino del Viento

Überall Plastik – muss das sein?

Die Gegend rund um Aldea (San Nicolás) mit den vielen Plastiktreibhäusern ist kein schöner Anblick. Versöhnlich stimmt dann der Vorteil dieser Abdeckung: Bodenerosion durch Wind und Wasser wird verhindert, die Oberfläche der Früchte wird nicht durch Sand und reibende Blätter strapaziert, es gibt weniger Sturmschäden, Insekten werden ferngehalten. Allerdings: Für die wichtige Bestäubung müssen speziell Hummeln gezüchtet und eingesetzt werden.

Mit Signal in die Kurven

Die Einfahrt Richtung Osten in den fruchtbaren Barranco de la Aldea führt durch das Gassengewirr des Bauernortes. Der frühere Pfad für Esel und Mulis hat inzwischen Asphaltformat erreicht, der Trampelweg wurde etwas tiefer in die Felsen gesprengt, trotzdem reicht es manchmal nur für eine Autobreite. Also sind bei den vielen Haarnadelkurven erhebliche Vorsichtsmaßnahmen gefordert (auch wenn mit wenig Verkehr zu rechnen ist): Fahren Sie bei den Ausweichstellen schon einmal langsam und spähen Sie um die Kurven. Raser haben von vornherein das Rennen verloren, die Vorsichtigen, die schleichenden Automobilisten gewinnen auf dieser Strecke. Den Daumen permanent auf der Hupe, vor jeder Kurve Signal geben, das könnte

Auf den Serpentinenstraßen sind starke Nerven und gute Autofahrer gefragt

im Barranco lebenswichtig sein. Unempfindliche Kinder genießen die Kurverei, haben das wahre Achterbahngefühl.

Wunderwerke der Straßenbauer

Insgesamt darf man die Serpentinenstraße als technisches Wunderwerk bezeichnen, man sollte die wenigen Haltemöglichkeiten nutzen, um die Arbeit der Straßenbauer zu würdigen und die Mäander von oben herab zu fotografieren. Mit dem Straßenbau wurden die in Regenzeiten wild tosenden Flüsse etwas gebändigt und für die Landwirtschaft rund um Aldea Stauseen gebaut. Besonders schön liegen auf der beschriebenen Strecke die anmutigen **Embalses Caidero de la Niña**, danach **de Siberio** und **de Paralillo**. Die Ufer der Seen sind nur über kleine Nebenstraßen oder zu Fuß zu erreichen.

Kurz vor dem Paralillo-See zweigt eine abenteuerliche Straße rechts nach **El Carrizal** ab. Vorher oder nachher sollten alle nach einer Stoppmöglichkeit Ausschau halten. Auch wenn nicht einfach, Aussteigen ist Pflicht (notfalls Warnkreuz aufstellen), der Blick über das Land ist gleichzeitig Erholung von der Serpentinentour. Ein unwahrscheinliches Panorama überrascht die Ausflügler: Mitten in der Vulkanlandschaft stehen die beiden Wahrzeichen der Insel, links der Monolith **Roque Bentayga**, rechts der **Roque Nublo**. Und wie in einem Film setzt sich oft ein Nebelschwaden vor die Spitze des Nebelbergs. In manchen scharfen Kurven ragen die leuchtend gelben Blüten des Sonchus (Gänsedistel) auf langem Stängel in die Straße und betätigen sich als Scheibenwischer. Als Wegmarkierung reihen sich die Kissen des hellgelb blühenden

Stauseen wie der Parralillo sind nach langem Regen gut gefüllt

Sauerklees an der Straße entlang, Wanderfalken lösen sich von einem Felsen, stürzen den Hang abwärts ihrer Beute entgegen. Am Ende der Straße leuchten links die Häuser von Carrizal. Hier kann sich die Familie im Restaurant von Bepi erfrischen (siehe Tour 8, S. 70).

Entspannung am See

Über den Ort El Toscón geht die weiterhin kurvige, enge Straße hoch zur Hauptstraße GC 60 und nach **Ayacata** (siehe Tour 7, S. 62). In Ayacata zweigt dann die GC 605 nach rechts in den **Barranco de Ayacata** ab. Auch hier sind Kurven Ihre ständigen Begleiter, doch die Asphaltbahn ist gut zu befahren. Abwechslung bieten Palmenhaine, Kiefernwälder und gefährlich aussehende

Felsbrocken. Bald gibt es Gelegenheit, zum glitzernden **Embalse de la Cueva de las Niñas** abzuzweigen. Am Stausee lockt ein gepflegter Picknickplatz mit Grillmöglichkeit. Sitze und Tische sind aus Lavasteinen gemauert, als Tischplatte dient ein robuster, unebener Basaltstein – hier darf gekleckert werden. Reichlich Schatten spenden die hohen Kanarenkiefern und es gibt sogar einen kleinen Kiosk mit sanitären Anlagen. Nach langem Regen ist der Stausee gefüllt, manche Bäume stehen dann mit einem Bein im Wasser. Das reizt natürlich auch Kinder und Erwachsene, die heißen Füße zu kühlen. Warten Sie ab, was die einheimischen Freizeitfans machen, denn eigentlich darf man in den Stauseen nicht baden – eigentlich …

Auf der Weiterfahrt grüßt von links die abgeflachte Pyramide der **Montaña de Tauro** (1.214 m), hier huldigten die Altkanarier ihrem Gott Alcorac. Voraus kommt bereits die Küste in Sicht, links und rechts macht noch einmal die kana-

Der höchstgelegene Ort Artenara befindet sich ca. 1.200 Meter ü. d. M.

Abstecher zum höchsten Ort

*Wer den Ausflug verlängern möchte, zweigt am Paralillo-See nicht nach El Carrizal ab, sondern fährt weiter auf der GC 210 über das Höhlendorf Acusa zum höchstgelegenen Ort der Insel, nach **Artenara**. Dort ist die Cuevita sehenswert, eine Höhlenkapelle, in der alles aus dem roten Tuff gemeißelt ist, seien es Altar, Beichtstuhl, Becken für Weihwasser und Taufe, sogar Lesepult und Priesterstuhl. Im Mittelpunkt des Interesses steht aber die Virgen de la Cuevita, eine pausbäckige Madonna mit Jesuskind. Das kleine Infobüro in der Nähe (Hinweis beachten) wurde in einer urigen Höhlenwohnung eingerichtet, die voll ausgestatteten Räume kann man besichtigen. Vom Mirador de Unamuno im unteren Teil des Ortes bietet sich ein traumhafter Blick auf den Bergzug mit dem Roque Bentayga und die Höhlenfelsen Los Reyes. „Versteinerter Sturm" nannte der nach Fuerteventura verbannte spanische Poet Miguel de Unamuno das Gebirge.*

rische Vegetation auf sich aufmerksam: violett strahlende Lavendelbüsche, die weißen Blütenkegel der Natternkopf-sträucher und die endemische, nur auf Gran Canaria vorkommende, gelb blühende Kleinblättrige Teline aus der Genista-Familie (Ginster). Die Schluchtenstraße mündet schließlich in die GC 200, die Mogán mit den Urlaubsgebieten verbindet. An der Kreuzung gibt es einen Parkplatz, gegenüber wartet das **Restaurant Draguillo** [Lugar Pie de la Cuesta 9, Carretera General Mogán–La Aldea, tägl. 10-23 Uhr] mit bequemen Sesseln und mit Kissen bestückten Rundbänken unter schattigen Bäumen auf die müden und durstigen Abenteurer.

Tour 10:
Rätsel aus der Vergangenheit

Agaete • Puerto de las Nieves • Gáldar • Santa María de Guía •
Cenobio de Valerón • San Felipe • Moya • Firgas

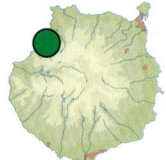

Wo: im äußersten Nordwesten – Wie: mit dem Auto – Dauer: ohne Anfahrt Halbtagestour – Nicht vergessen: Badesachen, bequeme Laufschuhe, Kamera

Zeichen, schematische Darstellungen, an Wänden geometrische Malereien. Die Ureinwohner Gran Canarias legten auch Getreidelager in unzugänglichen Verstecken an, in ihren Nekropolen wurden Grabbeigaben aus Keramik, Stein und Knochen gefunden. Außerdem bauten die Guanchen Verteidigungsanlagen, die uneinnehmbar waren. Im Norden der Insel sind zwei wichtige Guanchenstätten zu besichtigen: die bemalte Höhle in Gáldar und das Getreidelager Cenobio de Valerón bei Santa María de Guía.

Auf hohem Fels bauten sie Altäre und legten Opfergaben für ihren Gott Alcorac, damit er Regen schicke. An großen Basaltfelsen hinterließen sie

Schöne und mutige Guanchenprinzessinnen sind ein häufiges Motiv für Künstler

Preiswerter geht's nicht

Drei tolle Adressen für hungrige Urlauber in Puerto de las Nieves:

El Puerto de Laguete, *Hauptstraße Nr. 9, tägl. 10-22 Uhr, Tagesmenü mit Eis € 7,50, Schnitzel mit Pommes und andere Fleischgerichte € 5,50, Spaghetti € 5, Eisbecher € 3,50.* **Dedo de Dios**, *am Ortsende, Mi-Mo 10-22 Uhr, Tapas ab € 3,50, Fleischgerichte € 4-7, Fisch ab € 7, 15 verschiedene Eisbecher ab € 3. Und für zwischendurch:* **Mesón del Bocadillo**, *Hauptstraße Nr. 21, tägl. 8-19 Uhr, belegte Brötchen, Sandwiche, Kaffee und Kuchen.*

Regentanz mit einer Jungfrau

Mitten in einer typischen Kanarenlandschaft mit Wolfsmilchgewächsen, der Tabaiba, Oleanderblättriger Kleinie, Agaven und Buschdornlattich liegt als Start unserer Tour das freundliche Städtchen **Agaete** [Información Turística, Calle Nuestra Señora de las Nieves 1, Tel. 928 55 43 82, www.aytoagaete.es]. Im August bleibt der kleine Ort fast menschenleer – alles zieht zum nahen **Puerto de las Nieves**. Beim Fest „Bajada de la Rama" zwischen dem 4. und 25. August kann man die Canarios ausgelassen erleben wie sonst nie. Heidnischen Ursprungs soll das Fest sein, die Guanchen sollen bei einem heiligen Regenritus um Wasser für ihre Ernte gefleht haben. Doch heutzutage steht die „Jungfrau vom

Schnee" im Mittelpunkt. Ihren Platz hat sie mitten im Hafenort in der **Ermita de Nuestra Señora de las Nieves** [Mo-Sa 11-13, So 9-11 Uhr]. Das Triptychon zeigt sie mit dem Jesuskind, flankiert von Franz von Assisi und vom heiligen Antonius. Da das Original viel zu wertvoll ist, tragen die Gläubigen am Anfang des Festes aber nur eine Kopie zur Pfarrkirche La Concepción in Agaete, am Ende wird die viel geküsste Nachahmung wieder zum Hafen zurückgetragen.

Die Bedeutung beider Orte ist übrigens gestiegen, seit von Puerto de las Nieves aus eine Fährverbindung nach Teneriffa besteht, eine starke Konkurrenz für jene in Las Palmas, denn die Überfahrt dauert nur zwei Stunden (siehe Kap. „Gut zu Wissen", „Fähren/Linienschiffe", S. 100).

Altkanarische Wohnstätten

Agaldar hieß eine der wichtigsten Guanchensiedlungen auf Gran Canaria, die erste Hauptstadt mit einem Guanarteme, einem König. Doch die Spuren wurden von den Eroberern verwischt, der Palast, der Alcázar, musste der Pfarrkirche weichen. Was die neuen Siedler fast original ließen, war der Name des Ortes: **Gáldar** [Información Turística, Plaza de Santiago 1, Tel. 928 55 16 55, www.galdar. es]. Außerdem noch Straßennamen, die an die Ureinwohner erinnern, zum Beispiel an Tensor Semidán, den letzten Herrscher. Sein Denkmal steht heute auf der Plaza del Faycán.

Bereits 1873 wurde mitten in der Stadt eine Höhle mit bemalten Wänden entdeckt. Man benutzte sie aber bald als Stall und die empfindlichen Farben zersetzten sich. Nach der ersten Restaurierung (1970-74) durften Besucher sie

Gáldar im Norden der Insel war eines der wichtigsten Guanchenzentren

besichtigen, Ausdünstungen und ständige Temperaturschwankungen setzten den Bemalungen jedoch weiter zu. 1985 beschlossen die zuständigen Archäologen, die **Cueva Pintada** (bemalte Höhle) sorgfältiger zu restaurieren und nach weiteren Zeugnissen der Altkanarier zu forschen. Das dauerte bis zum Jahr 2006. Jetzt aber besitzt Gran Canaria ein unvergleichliches Zentrum der Guanchenkultur: das **Museo y Parque Arqueológico Cueva Pintada** (siehe Kap. „Die tollsten Attraktionen für Kinder", S. 95). Und die bemalte Wand ist nun hinter einer Glasscheibe zu sehen.

Madonna und edler Käse

Nur wenige Radumdrehungen sind es bis zum weiter östlich liegenden Städtchen **Santa María de Guía** [Información Turística, Calle Canónigo Gordillo 22, Tel. 928 55 30 43, www.santamariade guia.es]. In diesem Ort treffen sich viele Einwohner der Insel hauptsächlich zweimal im Jahr, einmal wegen der Madonna und dann noch wegen ihres Käses. Am 15. August wird die Virgen Santa María de Guía um den mit stilvollen kanarischen Häusern eingerahmten Kirchplatz und dann durch die Stadt getragen. Die kostbar gekleidete Madonna ist an anderen Tagen oberhalb des Altars zu besichtigen, wenn man den Mesner nett fragt. Sehenswert in der **Kirche La Asunción** sind weiterhin die Holzdecken im Mudéjarstil (maurisches Kunsthandwerk) sowie Skulpturen und das Kruzifix im Hochaltar, Werke des auf der ganzen Insel vertretenen Künstlers Luján Pérez. Auch Ende April/Anfang Mai steht Guía im Mittelpunkt, und zwar mit seiner Fiesta del Queso, dem Käsefest. Anlass ist der erste Queso de Flor, der mit dem Blütensaft der Wildartischocke fermentierte „Blumenkäse". Den säuerlichen Käse aus Rohmilch von Schaf, Ziege und Kuh gibt es in verschiedenen Qualitäten in den Tiendas der Stadt. Kein Besucher lässt es sich nehmen, ein Stück dieser Spezialität als Souvenir nach Hause zu tragen.

Rettung vom Fegefeuer

*Ein weiterer wichtiger Besuch in Gáldar ist die kanarisch-klassizistische **Kirche Santiago de los Caballeros** (Plaza de Santiago s/n, Mo-Fr meist 11-12 und 18-20 Uhr). Auch hier wird an die Guanchen erinnert, und zwar an ihre „Befreiung" aus dem Heidentum durch die christlichen Eroberer: Die Altkanarier werden durch Missionare vom Fegefeuer gerettet (erste Seitenkapelle links), bewacht wird die Szene vom Erzengel Michael mit der „Seelenwaage".*

Gofio-Herstellung hautnah

*In der **Molino de Gofio del Siglo XVI** wird Mais und anderes Getreide geröstet und gemahlen, um zum Gofio, dem Mehl, das schon den Guanchen Kraft verlieh, verarbeitet zu werden (siehe auch S. 16). Die ganze Prozedur kann in der ältesten Gofio-Mühle der Insel (seit 1517) beobachtet werden – nicht nur für Kinder ein neues Erlebnis. Am Rande von Firgas Richtung Valleseco, Mo, Mi-Fr 11-15 und 17-19, Sa und So 11-15 Uhr, Eintritt frei, vorher Information beim Touristenamt (siehe S. 80) besorgen.*

Geheimnisvolle Höhlen

Die nächste wichtige Station für Urlauber, die Guanchenspuren suchen, versteckt sich hinter Bergen und Schluchten, das **Cenobio de Valerón**. Von Santa María de Guía aus liegt sie ostwärts und ist über die GC 2, Ausfahrt La Costa, oder über die alte Carretera Las Palmas–Gáldar C 801 zu erreichen (siehe Kap. „Die tollsten Attraktionen für Kinder", S. 96). Dieser Besuch ist ein besonderes Erlebnis, allein die Arbeit, die sich die Ureinwohner gemacht haben, um in 300 Kammern mit einer überhängenden, schützenden Basaltdecke Getreide (oder Jungfrauen) zu verstecken, verdient Bewunderung. 30 Meter breit und ebenso hoch ist die Grotte, ohne Metallwerkzeuge wurden die Zellen in das weiche Tuffgestein gegraben, Bienenwaben gleich. Vor dem Cenobio sind große

Informationstafeln zu finden, auch in Deutsch. Sie werden häufig verändert bzw. ergänzt, das richtet sich ganz nach den Fragen der jungen Besucher. Bei Verschnaufpausen auf dem Treppenweg nach oben sind übrigens am Hang kanarische Eidechsen zu sehen, immer auf der Suche nach einer kleinen Obstgabe. Nach so viel Guanchenkultur wäre vielleicht eine Erfrischung passend. Ein Bad in der Menge, mitten unter kanarischen Familien, dürfte vor allem den jungen Urlaubern Spaß bereiten. Zentrum des nördlichen Badelebens ist – ein paar Kilometer nördlich des historischen Getreidespeichers – die **Playa de San Felipe** (siehe Kap. „Kinderfreundliche Strände", S. 28). Hier herrscht reges Strandleben auf kanarische Weise. Ganze Familienclans haben das Ufer besetzt, Sonnenschirme und improvisierte Zelthütten beherrschen das Bild, es wird gekocht und gebrutzelt. Selbst die Oma steht in vollem Gewand im Wasser, die Jüngeren toben in den beiden aus dem Fels geschlagenen großen Becken.

Dicht- und Backkunst

Von San Felipe bergwärts kommt kurz vor **Moya** ein Aussichtspunkt mit Blick über den Barranco auf das hübsche Städtchen. Von hier aus wirkt die neuromanische **Pfarrkirche El Pilar** mit ihren Lavaeinfassungen und den roten Ziegeldächern besonders stark. Moya ist auch der Geburtsort des auf der Insel verehrten Tomás Morales (1884-1921), Dichter, Arzt und Politiker in einer Person. Wer zwischendurch einmal mit einem kanarischen Jugendstildichter auf Tuchfühlung gehen möchte, besuche die **Casa Museo Tomás Morales** [Plaza de

Tomás Morales s/n, www.tomasmorales.com, tägl. 10-20 Uhr, Eintritt frei]. Möglicherweise interessieren sich manche in der Ausflugsgruppe weniger für die Dichtkunst als für die in Moya berühmte Backkunst. Der Erfolg bei der Suche nach Leckereien ist garantiert (siehe Kasten rechts) – auf jeden Fall in der **Bar Facundo** [an der Durchgangsstraße gegenüber der Calle León y Castillo, täglich durchgehend geöffnet]. Der historische Verkaufsladen besteht aus dunklem Holz und ist mit vielen Fotos von Lucha-Ringkämpfern geschmückt.

Wasserkaskaden in Firgas

Auf landschaftlich abwechslungsreicher, teils recht wilder Strecke, gesäumt von mächtigen Eukalyptusbäumen, erreicht man bald den **Barranco de Azuaje**, unter dem Bananenplantagen und Gärten aus einer am Hang sichtbaren Wasserleitung gespeist werden. Bald darauf parken Sie am Rande des Städtchens **Firgas** [Información Turística, Calle El Molino 12, Tel. 928 61 67 47, www.firgas.es]. Mineralwasser aus Firgas wird überall auf der

Eindrucksvolle und angenehm kühle Attraktion in Firgas

> ### Schlemmer aufgepasst!
> *Der Duft in der **Bar Facundo** (siehe links) ist unwiderstehlich. Er stammt von Bizcochos (Biskuitplätzchen aus Zucker, Eiern, Mehl zu gleichen Teilen und Zitrone, im Holzofen gebacken), von Suspiros (ein lockeres Gebäck aus 72,53 (!) Prozent Zucker und 27,47 Prozent Eierschaum) oder von den Rosquillas (Kringel aus Weizen, Pflanzenfett, Zucker, Zitrone, Anis und Hefe). Die Leckereien gibt es auch am Sonntagvormittag auf dem **Mercadillo** in San Mateo (siehe S. 111). Dort werden auch Tischdecken und Korbwaren angeboten.*

Insel angeboten. Den Wasserreichtum deutet der Ort auch architektonisch recht wirkungsvoll an. Die auf einer großen Terrasse stehende Kirche San Roque, das Rathaus und die hübschen Häuser mit Holzbalkonen erreichen Besucher über mit Azulejos-Bänken geschmückte Treppenaufgänge, in deren Mitte Wasser in Kaskaden nach unten sprudelt. Mit dieser verspielten Konstruktion hat Firgas für Besucher stark an Bedeutung gewonnen. Am Aufgang können übrigens die Keramikwappen der 21 Inselgemeinden und der Inselregierung betrachtet werden.

Von Firgas ist es nicht weit bis Arucas (siehe Tour 2, S. 42). Von dort ist für den Rückweg ins Urlaubsquartier im Süden die Strecke über Tenoya und Tamaraceite nach Marzagán zu empfehlen.

Museo Elder

Ein Flugzeug fliegen, das Universum betrachten, gigantische Seifenblasen erzeugen, mit dem Roboter sprechen: Im Museo Elder ist alles erlaubt. Vor allem in der ersten Etage, wo die Experimente nicht mehr aufhören wollen, wo die Zeit wie im Flug vergeht. Spielerisch lernen Besucher jeden Alters die wissenschaftlichen Fortschritte der Menschheit kennen: Fahrzeugbewegung per Solarzellen, Wasser in seine Bestandteile zerlegen und Strom durch Wind-, Wasserkraft etc. gewinnen. Verblüffend, wie auf einem Bildschirm die Farben der Kleider verschwinden, wie die Pendelkräfte den eigenen Körper bewegen, ein Luftballon im Luftstrom stehen bleibt, Stimmen in einem Schlauchlabyrinth in einer Sekunde 340 Meter zurücklegen. Etwas Pause tut gut bei „Darwins natürlicher Auslese", wo an einem Herzmodell der Pulsschlag gemessen wird. Dann

> ### Wir machen unser eigenes Speiseeis
> *Das Museo Elder hat auf seiner Website einen für Englisch sprechende Schulkinder höchst interessanten Link aufgenommen (www.tryscience.org). Aus vielen Museen wurden Experimente gesammelt, die leicht nachgemacht werden können. Zu erfahren ist etwa, wie man selbst Speiseeis macht, einen Papierflieger bastelt, der nicht nur nach links und rechts fliegt, sondern auch Loopings (nosedives) schafft, wie man ein Ballon-Auto herstellt, das mit Luft angetrieben wird, einen Fallschirm konstruiert und so weiter.*

wird es Zeit, auf Großleinwand 3D-Dinosaurier zu erleben. Guter Rat: Wer leicht erschrickt, sollte nicht unbedingt in der ersten Reihe sitzen. Wer schon zu Hause einen Vorgeschmack haben möchte, kann unter www.museoelder.org einen virtuellen Spaziergang machen. Dort gibt es auch den interessanten Link www.tryscience.org (siehe Kasten oben).

Parque de Santa Catalina s/n, Las Palmas de Gran Canaria, Tel. 928 01 18 28, www.museoelder.org, Di-So 10-20, Juli/Aug 11-21 Uhr, Erw. € 5, Kinder (bis 6 J.) frei, (6-17 J.) € 3,50. **Anfahrt:** *mit dem Bus bis Haltestelle Parque de Santa Catalina, mit dem Auto bis zum Parkhaus in der Calle Luis Morote, pro Stunde € 1,30.*

Die Körperwärmestrahlung wirft ein buntes Bild auf die Wand

Jardín Botánico

Ein Wegweiser zeigt zuerst rechts zum „Jardín de las Islas", einem Rasen mit mehreren Felsen und ihren typischen Pflanzen. Die Älteren folgen dem Hinweis. Die Kinder jedoch streben dem zweiten rechten Weg vor dem Aloe-Kiosk zu, verstecken sich in der Grotte, steigen die Schnecke hoch und runter und treffen die Makaronesien-Sucher (siehe Kasten unten). Der botanische Garten von Tafira Alta liegt vorwiegend an den steilen Hängen des Barranco de Guiniguada, die wilde Schlucht kann an einer Stelle auf einer Holzbrücke überquert werden und man steht vor einem Wald aus Dra-

Drachenbäume und Kanaren-Wolfs-milch sind typisch in Makaronesien

chenbäumen und Kanaren-Wolfsmilch (Kandelaber-Euphorbie), bei den Einheimischen Cardón genannt. Wegen seines Aussehens wird dieses Wolfsmilchgewächs gern mit einem Kaktus verwechselt. Links von diesem Arrangement liegt eine fossile Pinie quer über der Wiese, mehr als 3.000 Jahre alt. Interessant ist, wie alle Blumen und Pflanzen auf ihrem eigenen, terrassenförmig angelegten Reservat in ihrem natürlichen Umfeld gedeihen können: Lorbeerwald, Kanarische Palmen, Kakteengarten, Baumheide und mehr als 2.000 Sukkulenten. Im Mittelpunkt der Anlage ist der Seerosenplatz zu finden. Man kann hier Stunden verbringen, auf Bänken oder kleinen, romantischen Grünplätzen rasten und eine Picknickpause einlegen.

Carretera del Centro, Tafira Alto, tägl. 9-18 Uhr, Eintritt frei.
Anfahrt: *vom Süden über die GC 1, Ausfahrt Jinámar/Marzagán, dann über die Landstraße nach Tafira Alta.*

Wo liegt Makaronesien?

Zur Inselwelt Makaronesien (auch Macaronesien) gehören die Kanarischen Inseln und Madeira, im weiteren Sinne auch noch die Azoren und die Kapverden. Schon geografisch ein Lernstück für die ganze Familie. Die Inseln zeichnen sich u. a. durch ihre Gemeinsamkeit in Flora und Fauna aus, was im Jardín Botánico verdeutlicht wird. Der Begriff Makaronesien wird abgeleitet vom griechischen Makarios, das bedeutet glücklich oder seelig.

Cocodrilo Park

Beim Besuch dieses Zoos braucht niemand ein schlechtes Gewissen zu haben. **Im Cocodrilo Park** wohnen Tiere, die falsch behandelt, geschmuggelt und beschlagnahmt oder ausgesetzt wurden. Hier finden sie Pflege und vermehren sich sogar. Die Inhaber arbeiten mit der spanischen Umweltbehörde zusammen, auch sie kümmert sich um die auf inzwischen mehr als 300 Exemplare angewachsene Gruppe der Reptilien: Krokodile, Kaimane und Alligatoren (siehe Kasten rechts). Ferner gibt es im Zoo Raubkatzen, Affen, Papageien und auch einen Kakteengarten. Die beliebte Krokodilschau beginnt um 13 Uhr, Hauptdarsteller ist eine 5 Meter lange Panzerechse.

Ein Zahn macht den Unterschied

Auf den ersten Blick sind sie alle gleich, aber das trügt. Unterschieden wird bei Alligatoren zwischen den Echten Alligatoren und der Unterfamilie der Kaimane. Die Echten Krokodile sind eine eigene Gruppe und durch einen Zahn einfach von den Verwandten zu unterscheiden: Die Zähne des Oberkiefers beißen zwischen die des Unterkiefers, der vierte Zahn unten bleibt auch bei geschlossenem Maul sichtbar. Bei Kaimanen gehen die Zähne des Oberkiefers über die des Unterkiefers, bei geschlossener Schnauze ist kein Zahn zu sehen. Alligatoren und Kaimane haben einen langsameren Stoffwechsel als Krokodile und durch ihre ruhigere Lebensweise werden sie sogar doppelt so alt (bis zu 100 Jahre) wie die Echten Krokodile.

„Echt" oder nicht „echt"? Ein Blick auf die Zähne verrät es

Carretera de los Corralillos, Villa de Agüimes, Tel. 928 78 47 25. So-Fr 10-17 Uhr, Erw. € 9,90, Kinder (3-12 J.) € 6,90.
Anfahrt: *GC 500, Ausfahrt Agüimes, vom Süden auch über die GC 500, in Cruce de Arinaga Landstraße westwärts Richtung Los Corralillos; Pendelbus Di, Do, So um 10 Uhr ab Faro Maspalomas mit weiteren Stopps an der Costa Canaria, einfaches Ticket € 2, Rückfahrt um 14 Uhr.*

Gokartfans können an der Costa Canaria rasante Fahrten hinlegen

Hier flitzen schon die Kleinsten

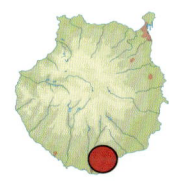

Einmal Rennfahrer spielen – dieser Traum ist weder bei den Kleinen noch bei den Großen aus den Köpfen zu bekommen. Gokarts machen diese Sehnsüchte wahr. Auch wenn die stärksten Maschinen für erwachsene Raser „nur" 80 km/h schnell sind, die Bodennähe gaukelt dem Fahrer viel höhere Geschwindigkeiten vor. Sogar die Kids unter 5 Jahren in ihren batteriebetriebenen Minikarts fühlen sich wie bei der Formel 1. Zwei Clubs bedienen im Süden diese Geschwindigkeitsgelüste und haben für die Pausen eine Bar oder Cafeteria. Gefahren wird über das ganze Jahr von 11-22 Uhr, im Winter bis 21 Uhr, eine Runde dauert bei der kleinen Anlage **Racing Kart** etwa 8 Minuten. Der große Pistenring **Gran Karting** bietet 10 Minuten Fahrspaß pro Runde und ist deshalb etwas teurer.

Gran Karting Club: *Carretera General del Sur, 10 Minuten von Playa del Inglés, Tel. 928 15 71 90, http:// grancanaria.grankarting.com.*
Racing Kart Maspalomas: *Carretera Palmitos Park s/n, gegenüber Aqualand (siehe S. 86), Tel. 928 14 85 46, www.racingkartmaspalomas.com.*
Preise: *Chip für Minikarts (unter 5 J., nur bei Gran Karting) € 3, Kinderticket (5-10 J.) Gran Karting € 9/Racing Kart € 12, Juniorticket (10-16 J.) € 12/14, Seniorticket € 16/18.*

Genug Abwechslung für einen ganzen Tag im Aqualand

Aqualand

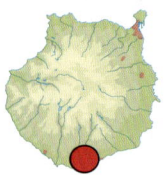

Achtung Familienrat: Für diesen Wasserpark sollte ein ganzer Tag eingeplant werden, damit sich der hohe Eintrittspreis rentiert. Langweilig wird es nicht! 30 Rutschen aller Art versprechen flotten und nassen Zeitvertreib: Im Tornado sorgt der Wasserkreisel für mulmiges Magengefühl, auf dem Crazy Race rutscht man auf neun parallelen Bahnen um die Wette, auf beiden Kamikazes wird Sturzflug mit Freunden trainiert, auf dem Boomerang werden Paare auf und nieder geschau-

kelt, der Mamut-Reifen bringt die ganze Familie nach unten und auf dem Congo River wird es endlich ruhiger, Siesta ist angesagt. Im Mini Park schließlich gibt es für die Jüngsten das Rutschvergnügen im Kleinformat. Für Hunger und Durst sind ausreichend Stationen vorhanden, Buden mit Snacks und Eis über den Park verstreut. Ein Wickelraum ist auch vorhanden.

Carretera Palmitos Park s/n, Maspalomas, Tel. 928 14 05 25, www. aqualand.es, tägl. 10-17.30 Uhr, Erw. € 25, Kinder (4-12 J.) € 18, Kombiticket mit Palmitos Park (siehe S. 88) Erw. € 45,50, Kinder (4-12 J.) € 33.
Anfahrt: *Der Wasserpark ist ab Maspalomas gut ausgeschildert, der Parkplatz ist gratis. Bus Linie 45 von Playa del Inglés und Bahía Feliz, Linie 70 von Puerto Rico und Faro Maspalomas.*

Westernstimmung im Mini-Tren

*Der Mini-Tren von **Playa del Inglés** ist den Wildwestzügen von 1864 nachgebaut. Er flitzt ab der Station an der Avenida de Italia 12 vorbei an den vielen Hotels und Bungalows des Ferienortes bis zum Leuchtturm von Maspalomas, vorbei an den prächtigen Dünen und an den monströsen Einkaufszentren. Tuuuttuuut, den Kindern macht's jedenfalls Spaß. Abfahrt jede halbe Stunde von 10-12 und 16-22 Uhr, Erw. € 6, Kinder (4-12 J.) € 3.*

Sioux City

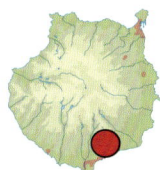

Die Erwachsenen kennen es ja: Fiese Banditen rauben eine Bank aus oder klauen ganze Viehherden, der Sheriff beendet mit rauchendem Colt eine Rauferei im Saloon, während sich kesse Girls über die starken Männer lustig machen. Alles schon gesehen ... Die Kinder jedoch finden es spannend, mitten im Wildwestgeschehen zu stehen. Sie bewundern die mexikanischen Akrobaten, die mit Lasso, Peitsche und Messern haarscharfe Kunststücke vollbringen, die sattelfesten Cowboys, die sich auch vom wildesten Mustang nicht in den Sand werfen lassen. Nur die ganz Kleinen halten vielleicht wenig von dem ganzen Krach und dem ständigen Staub.

Die Familienmitglieder müssen beraten, ob sie die Shows erleben und die teuren Preise bezahlen wollen. Der durchschnittliche Parkaufenthalt liegt bei zwei bis drei Stunden. Es gibt auch einen kleinen Zoo mit Reptilien und Schlangen.

Cañon del Águila s/n, San Agustín, Tel. 928 76 25 73, www.siouxcity-gran canaria.com, Di-So 10-17, Indianer-Show um 12, Mexikaner-Show um 12.45, Saloon-Show um 13.15, Cowboy-Show um 14, Große Wildwest-Show um 15 Uhr, Erw. € 21, Kinder (2-11 J.) € 15.
Anfahrt: *ab San Agustín klar ausgeschildert, Buslinie Global 29 fährt direkt, Fahrkarte (€ 1,50 ab 4 Jahren) an der Kasse abgeben, wird mit dem Eintrittspreis verrechnet.*

Bei der feurigen Messershow bleiben alle Herzen kurz stehen ...

Palmitos Park

Schon die Anfahrt durch das pittoreske Felsental macht Freude. Aber Vorsicht! Es gibt viele Engstellen und viele schnell fahrende Autobusse. Erfrischend ist es dann im grünen, schattigen Palmental, wo Flamingos, Ibisse und Pelikane herumstolzieren. Erfrischend auch, die strahlenden Kinderaugen zu sehen, wenn sie Eis schleckend den Streit der Papageienpärchen im Palmengeäst verfolgen. Staunende Augen ebenso bei der Papageien-Show, wenn die klugen Vögel allerlei Kunststücke zeigen, Bewunderung bei der Vorführung der Greifvögel, die mit blitzartiger Schnelligkeit über die Köpfe der Zuschauer huschen und zielsicher auf dem Handschuh ihres Trainers landen. Gegen Futter natürlich! Für einen leckeren Fisch sind auch die cleveren Delfine in der neuen Delfin-Arena bereit, ihr Können zu zeigen. Und sonst? Ein Aqua-

rium mit buntem Korallenriff, dösende Reptilien, flatternde Schmetterlinge, Orchideen im Gewächshaus, allerlei stachelige Kakteen im Garten. Die Informationen gibt es auch auf Deutsch und manche kluge Erklärungen oder pädagogische Fragen erweitern das Allgemeinwissen (siehe Kasten oben). Man kann in diesem Palmenparadies gut den ganzen Tag verbringen, sollte man vielleicht auch bei den Eintrittspreisen. Verpflegung und Getränke bieten Cafeterien, Snackbars und Restaurants zu ebenfalls etwas erhöhten Preisen an. Es gibt jedoch auch einen Picknickplatz – vorsorgen lohnt sich. Die Wege gehen manchmal steil hoch, aber alle sind für Buggys geeignet.

Kluge Köpfchen fragen

Bei manchen Rätseln im Palmitos Park rauchen die Köpfe. Hier schon einmal zwei Fragen zum Üben:

1. Warum hat der Bubo bubo, der Uhu, asymmetrische Ohren?

2. Warum haben Papageien zwei vorwärts und zwei rückwärts gerichtete Zehen?

Antworten:

Zu 1. Die Ohren sind asymmetrisch gerichtet, um Geräusche besser lokalisieren zu können, wichtig für die nächtliche Jagd. Zu 2. Mit dieser Zehenstellung können Papageien ihr Futter besser halten. Keine anderen Vögel haben eine ähnliche Greifvorrichtung.

Wer macht denn da ein Männchen? Und wer beobachtet wen?

Nicht nur der beste Sitzplatz wird hier geteilt – auch die Leckerlis!

Barranco de los Palmitos, Maspalomas, Tel. 928 79 70 70, www. palmitospark.es, tägl. 9.30-18 Uhr, Zeiten für Shows von Papageien, Greifvögeln, exotischen Vögeln und Delfinen ändern sich häufig und sind vor Ort auf Tafeln angegeben, Erw. € 28,50, Kinder (4-12 J.) € 21, Kombiticket mit Aqualand (siehe S. 86) Erw. € 45, Kinder (4-12 J.) € 33.

Anfahrt: *von Maspalomas auf der GC 504 12 km nordwärts, gut ausgeschildert, großer Parkplatz, Bus Linie 45 von Playa del Inglés und Bahía Feliz, Linie 70 von Puerto Rico und Faro Maspalomas.*

Preiswerter Kinderteller

*Der **Cabañita Park** auf dem Weg zum Palmitos Park ist eine große, rustikale Gartenanlage mit Holzmöbeln und Kinderspielplatz. Die kanarische Küche kümmert sich auch um die kleinen Esser. Ein Kinderteller mit Pommes € 5-6. Fleischgerichte für die Großen gibt es ab € 12, Fischgerichte ab € 10, Tapas ab € 3. La Cabañita Park, Carretera Palmitos Park 10, tägl. 12-24 Uhr.*

Yellow Submarine

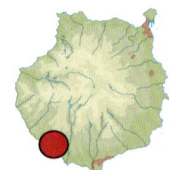

Die Kleinen können es kaum erwarten, bis das U-Boot den Hafen verlässt und dann endlich untertaucht. Alle sitzen gespannt vor ihrem Bullauge. Bald gleiten große Fischschwärme vorbei. Ein Riff taucht auf, in seiner Nähe Stachelrochen, Trompetenfische und kleine Haie. In 20 Meter Tiefe stoppt das Unterseeboot bei zwei Wracks. Hier haben Barrakudas, Grunzerfische und Seeigel eine neue Heimat gefunden. Sie kommen in Scharen angeschwommen, wenn ein Taucher mit Futter lockt. Nach 45 Minuten ist dieses wundervolle Erlebnis leider schon wieder vorbei, von dem noch vorm Schlafengehen erzählt wird.

Hafen von Puerto de Mogán am Ende der Mole, Tel. 928 56 51 08, www.atlantidasubmarine.com, Start tägl. stündlich 10–14, dann 15.30/16.20/17.10 Uhr, Erw. € 29, Kinder (2–12 J.) € 15.

Schweine grunzen. Aber Fische?

Stachelrochen: *Diesen platten Fisch gibt es schon seit 400 Millionen Jahren. Am Schwanzende befindet sich ein langer Stachel mit Widerhaken. Der Rochen kann den Schwanz über den Rücken oder seitlich peitschen, trifft er, kann dies tödlich sein.*

Trompetenfisch: *Von dem etwa 75 cm langen Tier nimmt der Kopf ein Drittel ein und endet mit einem röhrenförmigen Maul, wie eine Trompete.*

Barrakuda: *Er hat einen dem Hecht ähnlenden Kopf, starre Augen und ist lang gestreckt, er gilt auch als angriffslustig.*

Grunzerfisch: *Diese Fische sind längs gestreift, haben eine lange Rückenflosse, wulstige, sich nach oben wölbende Lippen – sieht aus, als würden sie schmollen. Sie knirschen mit den Lippen, die Schwimmblase dient als Schallverstärker. Weil das wie Grunzen klingt, werden sie auch Schweinsfische genannt.*

Mit dem gelben U-Boot geht's tief in die Unterwasserwelt

Anfahrt: *von der Costa Canaria über die GC 1 und die GC 200 nach Puerto de Mogán, auch kostenloser Bustransfer von den großen Urlaubsorten möglich, nur mit Voranmeldung (1 Tag). Busfahrplan siehe www. atlantidasubmarine.com.*

Mundo Aborigen

Mitten im Naturschutzgebiet steht die Nachbildung eines Guanchendorfes, dort wird versucht, den großen und kleinen Besuchern zu zeigen, wie die Altkanarier von vor 2.000 Jahren bis zur Eroberung (1483) ihren Alltag verbrachten. Mehr als 100 lebensgroße Figuren zeigen das Leben der Bauern und Viehzüchter sowie der Faycanes (Medizinmänner), die sich wohl schon an Kopfoperationen gewagt hatten. Deren Darstellung könnte für kleinere Kinder zu gruselig werden, ähnlich wie die Todesstrafe durch Felsbrocken. Friedlicher war das Leben und Wirken der Handwerker wie Töpfer, Korbflechter, Zimmerer und Gerber. Vor allem die jüngeren Besucher sind begeistert von diesem in eine schöne Landschaft hineingestellten Pappmascheekabinett. Informationstafeln auch auf Deutsch, ein Museum mit Funden aus der Zeit der Urkanarier, Ruhezonen fürs Picknick und eine Bar ergänzen das Dorf. Unterwegs begegnen Ihnen viele gackernde Hühner mit stolzem Hahn, ein stark riechender Ziegenbock, Schafe und ein schwarzes, fettes Schwein. „Bringst du mich mal spazieren?", steht auf einem Plakat, wo zwei angeleinte Hündchen darauf warten, ausgeführt zu werden. Viele Wege sind holprig, also festes Schuhwerk anziehen. Den totalen Überblick über die Insel gibt es vom zentralen Fels, kleineren Kindern muss beim kurzen Aufstieg geholfen werden.

Mundo Aborigen versetzt Sie in die Vergangenheit Gran Canarias

An der Landstraße GC 60, Maspalomas–Fataga, Tel. 928 17 22 95, www.mundoaborigen.com, tägl. 9-18 Uhr, € 10 (ab 10 J.), mit Bar.
Anfahrt: *nördlich von Playa del Inglés auf der GC 60 Richtung Fataga/San Bartolomé, links bei km 6; Zubringerbus ab Playa del Inglés.*

Kamelreiten

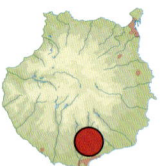

Zunächst werden die Kamelritter über das Leben der Huftiere aufgeklärt. Während der Tour bekommen dann alle deutlich zu spüren, warum die Dromedare auch „Wüstenschiffe" genannt werden. Achtung: Nach dem Aufsitzen festhalten, denn das Reittier steht zuerst mit den Hinterbeinen auf. Nun aber schwankt das „Schiff" wie auf sanften Wellen – es ist der Passgang: Die Beine einer Körperseite werden gleichzeitig nach vorne bewegt. Eine Kamelsafari dauert zwischen 20 Minuten und einer halben Stunde. Im **Camel Park** gibt es noch einen netten Zoo mit Vögeln und Streicheltieren, in **La Barranda** einen tropischen Garten. Beide Adressen haben auch ein gutes Restaurant und sind täglich von 9 bis 18 Uhr geöffnet.

Kamel, Dromedar oder Trampeltier?

Alle „Wüstenschiffe" sind Kameltiere. Die Altweltkamele unterteilen sich in Trampeltiere, zweihöckerige Kamele, die vorwiegend in Kleinasien bis zur Mandschurei leben und wegen der winterlichen Kälte ein dickes Fell haben. Das einhöckerige Kamel in Nordafrika und auf der Arabischen Halbinsel wird als Dromedar bezeichnet, der Name kommt vom griechischen dromás (laufen oder rennen). Dromedare werden in Arabien auch als Renntiere gezüchtet. Zur Großfamilie Kameltiere gehören auch noch die höckerlosen Neuweltkamele: Lama, Vikunja, Guanako und Alpaka. Alle sind Schwielensohler, weil sie keine Hufe, sondern zwei Zehen und große Schwielenballen haben.

Nach abenteuerlichem Aufsitzen geht's im schwankenden Schritt los

Camel Park, Barranco de Arteara 5-7, gleich neben dem Örtchen Arteara, Tel. 928 93 52 22, Erw. € 12, Kinder (6-12 J.) € 8. **Camel Safari Park „La Barranda",** Ruta de Fataga, etwa 1 km nach dem Camel Park, Tel. 928 79 86 80, Erw. € 20, Kinder (5-10 J.) € 10. Di, Do und Sa leckeres Essen ab 13 Uhr, Erw. € 10, Kinder € 5.
Anfahrt: nördlich von Playa del Inglés auf der GC 60 Richtung Fataga/San Bartolomé, weiter über Arteara Richtung Fataga, deutlich ausgeschildert. Anfahrt auch mit dem Bus Linie 18 ab Faro Maspalomas.

Eselsafari

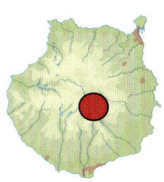

Arcadio und seine Schwestern haben sich zum Ziel gesetzt, die Rasse der kanarischen Esel, die vom Aussterben bedroht ist, zu erhalten. 55 Grautiere stehen auf der Farm, jeden Monat kommt ein neues Eselchen dazu. Vor dem Ausritt kann man sich mit der Besichtigung des Eselstalls, der Schafe, Zwergziegen, Hasen, Pfaue und Strauße sowie einem Spaziergang im Obstgarten mit Wein und Orangen die Zeit vertreiben. Ein Höhepunkt für den Ausflügler ist der Eselsritt durch die bergige Umgebung, meistens begleitet von Großvater Mateo,

Was tun, wenn der Esel einfach nicht will? Tipps und Tricks gibt's bei Arcadio

der auch schon mal zur Untermalung ein paar kanarische Volkslieder zum Besten gibt. Nach dem Ausritt (etwa 20 Minuten) werden die Reiter mit den Langohren allein gelassen und sie dürfen sie herumführen – falls es gelingt, die störrischen Tiere auch nur einen Meter vorwärts zu bringen. Angeblich haben kleine Kinder dabei die besten Chancen. Danach wird im überdachten Gartenrestaurant ein von Oma Guillermina lecker zubereitetes kanarisches Gericht serviert, es gibt dazu frisch gepressten Saft, Wein, Bier und auch noch Eis, Kaffee, selbst gebackenen Kuchen und frisch gepflückte Orangen (alles im Preis inbegriffen).

Donkey Safari las Tirajanas, Los Moriscos s/n, Tel. 928 18 05 87, mobil 658 93 83 32, www.burrosafari.com, Di-So 10-16 Uhr, Erw. € 10, Kinder (4-12 J.) € 8.
Anfahrt: *von San Bartolomé kommend im Ortsteil Taidía, kurz vor Santa Lucía, links hoch, kurz darauf erscheint das Ziel.*

Ein Sack voll Eseleien

Negative Eigenschaften des Esels werden schon lange symbolisch auf Menschen übertragen. 1541 hieß es: „Es sind vil Esel auff zweyen Füßen". Mit „der Esel bewegt seine Ohren" ist einer gemeint, der verständnisvoll guckt, aber nichts verstanden hat. „Ein Esel in Löwenhaut" wiederum ist ein Dummkopf, der sich wichtig macht. Schonender ist das Sprichwort „Den Sack schlägt man, den Esel meint man", zynisch für: Wenn man den Esel nicht erreicht, verdrischt man den Sack.

Cactualdea Park

Mehr als 1.000 Säulen, Kugeln, Bäume und manche futuristische Gestalten, alle mit kurzen und langen Stacheln, einige mit paradiesischen Blüten, sind im Kakteenpark zu bewundern. Sie stehen in einer terrassenförmigen Anlage zwischen Palmen, Drachenbäumen und Aloe vera. Beim Spaziergang durch den piksenden Wald begegnet man Fasanen und Hühnern, ein Modell der Guanchenhöhle „Cueva Pintada" ist auch zu sehen (siehe S. 95), im Amphitheater wird regelmäßig die Lucha Canaria, der kanarische Ring-

Kolumbus entdeckte auch die Kakteen

Kakteen haben ihr Verbreitungsgebiet vor allem in Nord- und Südamerika vom südlichen Kanada bis Patagonien in Argentinien und Chile. Sie kamen erst nach der Entdeckung Amerikas durch Kolumbus (1492) nach Europa. Erst im 18. Jh. bekamen die Sukkulenten (Wasser speichernde Pflanzen) durch eine gelehrte Entlehnung ihren Namen nach lat. cactus, womit die stachelige Artischocke gemeint war. Cactus wieder ist aus dem griechischen káktos entlehnt, was Distel oder stachelige Pflanzen bedeutet.

kampf, vorgeführt und gratis gibt es, wie auch für die Kakteen, köstliches Wasser aus eigener Quelle. Eine Terrassenbar und eine Weinstube bieten kanarische Produkte und im Souvenirshop gibt es Kaktuslikör (gutes Mitbringsel!).

Carretera del Hoyo s/n, beim Ort Tocodomán, Tel. 928 89 12 28, cactuald@intercom.es, tägl. 10-18 Uhr, Erw. € 9 (inkl. Kaktus), Kinder (bis 12 J.) frei.
Anfahrt: *von der Costa Canaria über die GC 1 bis Puerto Rico, dann auf der GC 200 über Mogán Richtung Aldea de San Nicolás, kurz vor dem Ort in Tocodomán Hinweis auf den Park.*

Da möchte sich sicher keine Schwiegermutter draufsetzen

Cueva Pintada

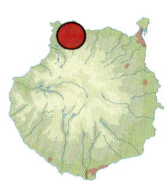

Es ist eine aufregende Geschichte, das Leben der kanarischen Ureinwohner in Gáldar nachempfinden zu können. Dort, wo das Museum heute steht, begann das Guanchendorf mit mehr als 60 Häusern und künstlichen Tuffhöhlen. „Agaldar" war zwischen dem 6. und dem 16. Jh. die Hauptstadt des Nordens und Sitz der „Guanartemes", der Inselkönige. Hier lebten und arbeiteten die Altkanarier in Frieden und Harmonie – bis zur Eroberung durch die Spanier.

In der Cueva Pintada, der bemalten Höhle, versammelten sie sich zu kultischen Handlungen, geometrische Zeichen geben bis heute Rätsel auf. Die Fantasie darf hier auf Streifzüge gehen. Magie der Medizinmänner? Oder ein Kalender der Guanchen? In den benachbarten gemauerten Häusern befanden sich Werkstätten für Töpfer und andere Handwerker, Ställe für Schafe, Ziegen und Schweine, Überbleibsel des altkanarischen Alltags sind im Museum zu besichtigen. Von einem Laufgang aus kann man die Mauerreste des Eingeborenenweilers bewundern, in Nachbauten einiger prähispanischer Wohnungen wird das Wissen um die Vergangenheit der Insel vertieft. Interessante Videos, auch auf Deutsch, über die Großanlage verteilt, bringen den Besuchern das Leben der Altkanarier eindrucksvoll nahe.

Die Besichtigung der bemalten Wand ist reguliert, nur kleine Gruppen können

Glas schützt wertvolle Wandmalereien in der Guanchenhöhle

wenige Minuten in einem verglasten Raum verbringen, um die Reste der Guanchenkultur zu besichtigen (siehe auch Tour 10, S. 78). Zur Hauptsaison kann man mit einer Wartezeit von bis zu 30 Minuten rechnen.

Museo y Parque Arqueológico Cueva Pintada, Calle Audiencia 2, Gáldar, Tel. 928 89 54 89, www.cueva pintada.com, Di-Sa 9.30-20, So/feiertags 11-20 Uhr, Achtung: letzter Einlass 1,5 Std. vor Schließung, Erw. € 6, Kinder (bis 17 J.) frei, freier Eintritt für alle ersten Sa und So im Monat, inkl. deutsche Führung (90 Min.) Di-Sa 16, So/feiertags 15 Uhr.
Anfahrt: *von Las Palmas auf der GC 2 westwärts bis Gáldar, im Ort Richtung historisches Zentrum, parken in der Nähe des Rathauses (Ayuntamiento), dann etwa 500 Meter den Hinweisen zum Museum folgen.*

Cenobio de Valerón

Viele Jahrhunderte führte der Name der archäologischen Stätte Wissenschaftler und Besucher irre. „Cenobio" heißt Kloster und schnell hatte sich schon zu früher Zeit die Legende gebildet, unter der Bewachung von Harimaguadas, einflussreichen Priesterinnen, seien hier die Mädchen der gehobeneren Kasten bis zu ihrer Vermählung aufgezogen worden. Nach neuesten Forschungen handelt es sich bei dieser beeindruckenden Anlage um kollektive Kornspeicher. Mit primitiven Werkzeugen haben die Guanchen Speicher unterschiedlicher Größen in den Fels gehauen, manche durch Gänge miteinander verbunden. Die äußeren Kammern konnten verschlossen und gegen Feinde verteidigt werden. Die Vorratskammern waren für Notzeiten gedacht,

> ## Urgeschichte macht hungrig
> **Grillrestaurant Noroeste**, Calle Llano Alegre 84, Santa María de Guía, ab Cenobio de Valerón 2 Min. mit dem Auto, Mo-Do 7-21, Fr 7-24, Sa 9-16 Uhr, So geschl., großes Pizza-Angebot, auch zum Mitnehmen.
> **Bar Jorge Pérez**, Calle Tagoror 1, Gáldar, auf dem Weg zum Museum, Mo-Fr 6-24, Sa/So 6-2 Uhr, gemütliche Bar, kanarische Gerichte von € 3,50-€ 6.

die Vorräte konnten durch raffinierte Konstruktionen nicht verderben. Die 300 Vertiefungen könnten nicht nur als Getreidespeicher, sondern auch für die Aufbewahrung von „Feigen, Schmalz, Speck, gesalzenem Fleisch und anderen wichtigen Dingen" gedient haben, wie der Chronist Gómez Escudero (ca. 1484) vermutete.

Cuesta de Silva s/n, Santa María de Guía, Tel. 618 60 78 96, www.ceno biodevaleron.com, Okt-März Di-So 10-17, April-Sep 10-18 Uhr, Erw. € 2,50, Kinder (bis 10 J.) frei, (10-14 J.) € 1,50.
Anfahrt: *von Agaete, Las Palmas über die GC 2 Richtung Santa María de Guía, in San Felipe/Cuesta de Silva auf die GC 291 abbiegen, Hinweise beachten, Parkplatz am Eingang. Achtung: keine Toiletten vorhanden.*

Was denn nun? Jungfrauenhöhlen oder Getreidespeicher?

Fakten von A bis Z

Auskunft

Am einfachsten und effektivsten sind die Webseiten der Insel unter www.gran canaria.com und www.grancanariainfo. de (auch in deutscher Sprache) sowie die Homepage des Spanischen Fremdenverkehrsamtes: www.tourspain.es.

Spanische Fremdenverkehrsämter

Deutschland: Kostenlose Prospektbestellung unter Tel. 06123 991 34 oder per Fax unter 06123 991 51 34. Die einzelnen Vertretungen sind auch per E-Mail erreichbar: in Berlin unter berlin@ tourspain.es, in Düsseldorf unter dusseldorf@tourspain.es, in Frankfurt/ Main unter frankfurt@tourspain.es, in München unter munich@tourspain.es.
Österreich: 1010 Wien, Walfischgasse 8, Tel. +43 (0)1 512 95 80, Fax +43 (0)1 512 95 81, vienna@tourspain.es.

Schweiz: 8008 Zürich, Seefeldstraße 19, Tel. +41 (0)1 252 79 31, Fax +41 (0)1 252 62 04, zurich@tourspain.es.

Gran Canaria

Soweit vorhanden, sind die Auskunftsstellen für Touristen bei den beschriebenen Orten angegeben.
Die wichtigsten Infostellen an der Costa Canaria:

Centro Insular de Turismo, Avenida de España/Avenida de los Estados Unidos, nahe Yumbo Centrum, Playa del Inglés, Tel. 928 77 15 00; Paseo Marítimo, C. C. Anexo II, Local 20, Playa del Inglés, Tel. 928 76 84 09; Avenida de Tirajana, beim Hotel Riu Palace Maspalomas, Playa del Inglés, Tel. 928 76 52 42; Avenida del Touroperador Tuí (Campo Internacional), Maspalomas, Tel. 928 76 95 85.

Ein Ausflug mit dem Linienbus ist eine gute Alternative zum teuren Sightseeing

Bus, Bahn, Leihwagen und Taxi vor Ort

Mit 42 Überlandlinien und vielen City-bussen ist das **Buslinennetz** der Insel gut ausgebaut. Es ist die preiswerteste und zugleich informativste Art zu reisen, da sich hier leichter Gespräche mit der Bevölkerung ergeben. So können manche der Tourenvorschläge (ab S. 30) mindestens zum Teil auch bequem mit dem Linienbus bewältigt werden. Zumindest der Besuch der Inselhauptstadt von der Costa Canaria aus ist unbedingt mit dem Bus zu empfehlen. Auskünfte und Fahrpläne erhalten Sie bei manchen Touristeninformationen, an den Bus-bahnhöfen oder über www.globalsu.net. Übrigens: Auf den Kanaren heißt das Transportmittel nicht „autobús", sondern „guagua" (gesprochen: wuawua). Das Wort haben die Rückwanderer aus Südamerika mitgebracht.

Bei **Leihwagen** sind auf Gran Canaria meistens unbegrenzte Kilometerzahl und Haftpflichtversicherung inbegriffen; Vollkasko und Insassenunfallschutz sind abhängig vom Anbieter. Endpreise vergleichen! Die Zahl der anbietenden Firmen ist groß. Hier muss mit Bedacht gewählt werden, da die Wartung der Fahrzeuge sehr unterschiedlich ausfällt. Beliebt bei Gästen deutscher Reiseveranstalter ist Europcar (Vertretungen in den meisten der großen Hotels), auch Avis und Hertz besitzen ein ausgedehntes Netz. Klein, aber oho ist die preiswerte Firma **DOLAR Rent a Car**, die sogar einen Abholservice bietet [Calle Presidente Alvear 55, 35007 Las Palmas de Gran Canaria, Tel. 928 22 81 65, Fax 928 22 81 68, dolarcar@hotmail.com]. Deutsche Reiseveranstalter ermöglichen

Nicht gelb oder schwarz – auf Gran Canaria fahren Sie mit weißen Taxis

eine Buchung schon in Deutschland. Die Tagespreise (je nach Dauer der Miete) beginnen bei ca. € 30 pro Tag. In allen Fällen gilt: genau prüfen, ob das Auto Schäden hat, ob der Tank gefüllt oder eine eventuelle Teilfüllung im Vertrag vermerkt ist und ob die Bremsen funktionieren. Die kurvenreichen, steilen Straßen auf Gran Canaria erfordern gute Bremsen. Wichtig: Am Sonntag und an Feiertagen haben viele Tankstellen geschlossen, also vorher volltanken! Das ist auch vor Touren in die Berge wichtig, denn dort gibt es kaum Tankstellen. Für motorisierte Zweiräder gilt grundsätzlich Helmpflicht, auch für Beifahrer.

Alle **Taxis** müssen Taxameter haben, achten Sie darauf, dass er auch eingeschaltet wird. Die Preise sind an manchen Haupthaltestellen auf einer Tafel angezeigt. Wenn nicht, ist der Taxifahrer verpflichtet, seine Preisliste zu zeigen. **Socomtaxi** bedient die ganze Insel, Bestellung auch über das Internet möglich, dort erfolgt bereits eine Berechnung der Fahrtkosten [Calle Herraje 12, Cruce de Arinaga, 35118 Agüimes, Tel. 928 15 47 77, Fax 928 18 44 91. info@socomtaxi.com, www.socomtaxi.com].

Camping

Es gibt auf der Insel viele einfache Campingplätze am Meer und in den Bergen, die vor allem von Einheimischen aufgesucht werden. Generell ist Camping auf der Insel nicht besonders empfehlenswert, da die Plätze schnell verwahrlosen und nicht immer sanitäre Anlagen vorhanden sind. Falls Sie es trotzdem wagen wollen: Die besten Beurteilungen bekommt wegen seiner schönen Lage und ordentlichen Ausstattung (auch Toiletten):

Camping Presa de Chira, am gleichnamigen Stausee, Bungalows im Pinienwald, Tel. 928 38 41 65, Fax 928 36 71 24.

Diplomatische Vertretungen

Deutsches Konsulat, Calle Albareda 3/2. Stock, Las Palmas, Tel. 928 49 18 80, Fax 928 26 27 31, www.las-palmas.diplo.de.
Österreichisches Konsulat, Avenida de Gran Canaria 26, Hotel Eugenia Victoria, Playa del Inglés, Tel. 928 76 25 00, Fax 928 76 22 60, www.bmeia.gv.at.

Fähre Fred. Olsen von Puerto de las Nieves nach Santa Cruz de Tenerife

Konsulat der Schweiz, Urbanización Bahía Feliz, Edificio de Oficinas, Local 1, Playa de Tarajalillo, Tel. 928 15 79 79, Fax 928 15 79 00, www.eda.admin.ch.

Fähren/Linienschiffe

Naviera-Armas-Fähren fahren von Las Palmas de Gran Ganaria (Mole des Puerto de la Luz) nach:
Santa Cruz de Tenerife zwei-/dreimal tägl.,
Lanzarote/Arrecife außer Sa und So einmal tägl.,
Fuerteventura/Morro Jable einmal tägl.,
Fuerteventura/Puerto del Rosario zweimal wöchentlich.
Fähren von Fred.Olsen fahren achtmal tägl. von Puerto de las Nieves nach Santa Cruz de Tenerife.
Abfahrtszeiten und Preise finden Sie auf den Webseiten: www.navieraarmas.com, www.fredolsen.es. Angaben über kanarische Fährverbindungen auch bei www.kanaren-faehre.de.

Fahrradverleih/Mountainbikes

In jedem Urlaubsort der Costa Canaria gibt es Verleihstationen, auch größere Hotels bieten Räder an (siehe ab S. 104).

Fundbüro

Fragen Sie in den jeweiligen Ferienorten beim Ayuntamiento (Rathaus) oder bei der Policía Local nach der Oficina de Objetos Perdidos, Auskunft gibt es auch bei den Fremdenverkehrsämtern.

Geld

Viel Bargeld sollte man nicht mitnehmen – mit EC- und Kreditkarten reist man sorgloser. In den Urlaubsorten

Klimatabelle Gran Canaria

	Jan	Feb	März	Apr	Mai	Juni	Juli	Aug	Sep	Okt	Nov	Dez
Wassertemperaturen in °C	19	18	18	18	19	20	21	22	23	23	21	20
Lufttemperaturen/Tag/Nacht (in °C)	21 / 14	22 / 14	22 / 15	22 / 16	23 / 17	24 / 18	25 / 19	25 / 21	26 / 21	27 / 19	24 / 18	22 / 16
Sonnenschein (in Std.) täglich	6	6	7	8	9	9	9	9	8	7	6	5
Niederschlag (Tage/Monat)	6	3	3	2	1	1	1	1	1	4	6	6

nimmt fast jedes Restaurant oder Geschäft „Plastikgeld" an. Auf dem Land ist es allerdings besser, Bargeld zu haben.

Bei Verlust der EC-Karte lassen Sie diese sofort unter Tel. +49 1805 02 10 21 sperren. Weitere Infos unter www.kartensicherheit.de.

Kleidung

Im Sommer reicht leichte Baumwollkleidung. Wegen des großen Temperaturunterschieds braucht man abends meist einen Pullover. Im Winter sollten Shirts, Pullover und Windjacken im Reisegepäck sein. Bei Ausflügen in die Berge ist warme Kleidung ratsam. In Restaurants ist die Kleidung inzwischen leger, einige Lokale verlangen zum Abendessen formelle Kleidung, also z. B. lange Hosen. Strandkleidung ist beim Essen unerwünscht, auch beim Einkaufsbummel in den Orten. Mit Miniröcken, Shorts und schulterfreier Kleidung dürfen Kirchen nicht betreten werden.

Klima

Beim Klima muss man zwischen dem Norden, der bergigen Mitte und dem Süden unterscheiden. Der Kanarenstrom und die Passatwinde schaffen besonders günstige Voraussetzungen für ein fruchtbares Klima im Norden, entsprechend muss man auch mit Regen rechnen. Die Berge in der Mitte der Insel sind eine Wetterscheide, in der obersten Region muss im Winter mit Schnee gerechnet werden. Im windabgewandten Süden regnet es weniger, dort herrscht das ganze Jahr über ein ausgeglichenes Klima. Der „kälteste" Monat ist der Januar (21 Grad!), der wärmste, mit 27 Grad, der Oktober. Die Monate Mai bis September sind beinahe regenfrei; die meisten Niederschläge fallen im November, Dezember und Januar.

Literaturtipps

Claire Llewellyn: Frag Prof. Schlauvogel.
Insekten & Co. 5-7 Jahre, Stuttgart 2010,
ISBN 978-34401-2226-6, € 9,95.
Ben Morgan: Bsss. Die ganze Welt der
Insekten. 8-10 Jahre, München 2008,
ISBN 978-38310-1141-4, € 19,95.
Ingrid und Peter Schönfelder: Kosmos-
Atlas Mittelmeer- und Kanarenflora.
Stuttgart 2011, ISBN 978-34401-2571-7,
€ 24,95.
Harald Braem: Auf den Spuren der
Ureinwohner. Santa Cruz de Tenerife
2008, ISBN 978-84934-8573-3, € 18,95.

Medien

Die Kurzwellenfrequenzen der Deutschen Welle ändern sich im Laufe des
Jahres, deshalb vor dem Urlaub den
Kundenservice der Deutschen Welle
anrufen (Tel. 0221 389 32 08). Deutschsprachige Sender auf den Kanaren haben
keine Lizenzen mehr bekommen, gegen
diese unverständliche Maßnahme laufen
Einsprüche.
Fernsehen kann man fast in allen Hotels
über Satellit auch in deutscher Sprache,
meistens RTL, Sat.1 und 3sat.
Deutsche Zeitungen erhält man auf
Gran Canaria oft schon am Tag des
Erscheinens. Sehr informativ sind die
deutschsprachige Wochenzeitung „Info
Canarias" (www.infocanarias.com) und
das 14-tägig erscheinende „Wochenblatt"
(www.wochenblatt-kanaren.com). Als
spanische Tageszeitung ist „Canarias7"
zu empfehlen.

Medizinische Versorgung

Auf Gran Canaria haben sich recht viele
deutsche bzw. deutschsprachige Ärzte
niedergelassen, teils sogar mit eigenen

Trinkwasser, Sonnenschutz etc.

Leitungswasser kann zum Zähneputzen verwendet, aber nicht getrunken werden. Impfungen sind nicht vorgeschrieben. Vorsicht beim Sonnenbad: Die ersten Tage nur kurze Zeit sonnenbaden, durch die ständige Brise merkt man nicht, wie stark die Sonne brennt. Zwischen 11 und 15 Uhr ist sie auf jeden Fall zu meiden. Menschen mit rotem Haar und heller Haut sollten die ersten Tage ohne Sonnenschutz nur 10-20 Minuten in die Sonne, Dunkelhäutige 30-40 Minuten. Mit Lichtschutzfaktor 12 rechnet man 12 x 20 Minuten, also 4 Stunden, ohne nachzucremen. Kinder und Erwachsene mit empfindlicher Haut sollten Sonnenhut, Nackenschutz und lange Kleidung tragen. Auch wenn es wolkig ist, wirken die UV-Strahlen und die Haut braucht Schutz.

Kliniken (Auskunft auch über die
Hotelrezeption). Es empfiehlt sich der
Abschluss einer Auslandskrankenver-
sicherung, auch wenn die Europäische
Krankenversicherungskarte EHIC form-
los bei der Pflichtversicherung beantragt
werden kann. Doch im Notfall haben
Privat- oder Zusatzversicherte die Wahl
des Arztes. Sie zahlen die Behandlung
vor Ort selbst, bekommen es aber zu
Hause erstattet.

Krankenhäuser: einen guten Ruf haben die **Skandinavische Klinik** [Avenida de Gran Canaria 30, Playa del Inglés, Tel. 928-77 15 38] und das **Hospital San Roque Maspalomas** [Calle del Mar de Siberia 1, Maspalomas/Meloneras, www.sanroquemaspalomas.com]. Ein Tipp für Schwangere: **Dr. Med. Dirk Classen Cordes** [Calle Thomas Edison 2, Sonnenland/Maspalomas, Tel. 928 14 02 34, für Notfälle: 629 022-879, www.frauenarztgrancanaria.de].

Notruf

Zentraler Notruf: Tel. 112. Diese Notrufzentrale ist ständig besetzt und betreut ausländische Anrufer auf Deutsch, Englisch, Italienisch und Französisch.
Polizei: Tel. (Policía Local) 092, (Policía Nacional) 091. Unfallrettung: Tel. 092.
Feuerwehr: Tel. 080. Feuerwehr Maspalomas: Tel. 928 76 26 71.

Öffnungszeiten

Geschäfte: Mo-Sa 9-13.30 und 17-20 Uhr (Supermärkte und Souvenirläden meist durchgehend und länger).
Apotheken: meist Mo-Fr 9-13 und 16-20, Sa nur 9-13 Uhr.
Banken und Postämter: Mo-Fr 9-14, Sa 9-13 Uhr.

Rauchverbot

In ganz Spanien, also auch auf den Kanaren, gilt Rauchverbot in allen öffentlichen Gebäuden und Verkehrsmitteln. Oft sind Raucherräume vorhanden. Seit dem 2. Januar 2011 gilt ein verschärftes Rauchverbot. Es betrifft hauptsächlich gastronomische Betriebe, aber auch Orte wie Kinderspielplätze. In allen Bars und Kneipen ist das Rauchen verboten, es wird nur teilweise auf den Terrassen der Bars erlaubt. Wer gegen das Rauchverbot verstößt, zahlt € 30 Strafe, bei Wiederholung deutlich mehr.

Sprache

Das Spanisch auf den Kanaren ähnelt dem Lateinamerikanischen und ist für Reisende, die Spanisch in der Schule gelernt haben, schwer zu verstehen. Die Canarios sprechen sehr schnell und nach unserem Gefühl recht undeutlich. Grundsätzlich wird das „s" am Ende der Wörter verschluckt, was zu Missverständnissen führen kann: Ob die Insel La Palma gemeint ist oder Las Palmas, die Hauptstadt von Gran Canaria, muss man oft nachfragen. Doch in den Hotels und den touristischen Zentren spricht man vielfach Deutsch, es dürfte höchstens auf dem Land Verständigungsprobleme geben (siehe auch Kasten S. 13).

Immer wachsam und mobil – die Polizisten auf Gran Canaria

Strom

220 Volt Wechselstrom ist üblich, in allen Hotels und Ferienwohnungen entsprechen die Steckdosen denen in Deutschland.

Telefon

Für Gran Canaria gilt die **spanische Vorwahl: +34**.
In den Urlaubsorten befinden sich viele Telefonzellen mit direktem Anschluss nach Europa. Halten Sie genügend 50-Cent-Münzen bereit. Die Funktionsweise der Apparate wird ausführlich beschrieben (auch auf Deutsch). Kartentelefone sind weit verbreitet. Die Karten (tarjeta prepago) sind an Automaten, in Bars und Tabakläden erhältlich. In speziellen Läden der Telekom kann man ähnlich wie in einem Internetcafé von 9 bis 21 Uhr telefonieren (auch mit Kreditkarte). Gespräche vom Hotelzimmer aus sind oft recht teuer, obwohl einige Hotels inzwischen den Normaltarif bieten.
Landesvorwahlen: Deutschland +49, Österreich +43, Schweiz +41. Danach wählt man die Ortskennzahl ohne die Null sowie die Anschlussnummer.

Tiere

Auf Reisen nach Gran Canaria, wie generell innerhalb der EU, müssen alle Katzen und Hunde einen implantierten Mikrochip haben, eine Tätowierung reicht mittlerweile nicht mehr. Die Tollwutimpfbescheinigung muss sich auf das durch den Mikrochip ausgewiesene Tier beziehen und von einem ermächtigten Tierarzt ausgestellt worden sein: mindestens einen Monat und höchstens ein Jahr vor Reiseantritt.

Zauberformel „all inclusive"

Hier bedienen sich die Kinder ohne Murren selbst: beim Frühstück, mittags mit warmen und kalten Speisen oder Snacks, nachmittags bei Kuchen und Eis, abends bei reichhaltiger Auswahl an frisch zubereiteten Gerichten – alles vom Büfett! Den ganzen Tag können Getränke gezapft werden, die Eltern bekommen sogar lokale Alkoholika ohne Aufpreis. Auch die Lust auf Eiscreme kann den ganzen Tag kostenlos befriedigt werden. Als Erkennungszeichen müssen All-inclusive-Gäste ein Plastikarmband tragen.

Trinkgeld

In Bars und Restaurants ist der Service in der Rechnung enthalten, ein Trinkgeld von bis zu 10 Prozent der Rechnung ist bei gutem Service dennoch üblich. Bei einem Drink an der Bar ist Trinkgeld nicht nötig. Zimmermädchen erhalten rund € 5 pro P. und Woche, Gepäckträger € 1 pro Gepäckstück. Im Hotelrestaurant gibt man üblicherweise dem Oberkellner am Anfang und Ende des Urlaubs einen angemessenen Betrag. Bei Taxifahrern sollte man die Summe aufrunden bzw. etwa 5 bis 10 Prozent geben.

Unterkünfte

Die angegebenen Preise beziehen sich auf eine Person und pro Nacht im normalen Doppelzimmer für 2-3 Personen (ggf. in einem Apartment), wenn nicht anders angegeben mit Halbpension (HP, Vorsaison-Hauptsaison). „All inclusive" bei manchen Hotels wird extra erwähnt. Auch gibt es Hotels, bei denen „all inclusive" gegen Aufschlag zugebucht werden kann – für Familien eine preiswerte Alternative (siehe Kasten links). Bei Buchung über das Reisebüro können die Preise günstiger sein. Hinsichtlich Kinderermäßigung vor der Buchung noch mal genau erkundigen und bestätigen lassen, die Angaben können sich inzwischen geändert haben. Babybett meistens ohne Aufpreis (anfragen). Kinderanimation wird normalerweise nur in den deutschen Schulferien bzw. zwischen Ende Mai und Ende September angeboten und meistens von Mo-Sa (vorher anfragen). Die angegebenen sportlichen Möglichkeiten vor dem Semikolon können ohne Gebühr benutzt werden.

LAS PALMAS DE GRAN CANARIA

Canteras Vista Playa, *Calle Prudencio Morales 23, am Ende der*

Canteras-Promenade, Tel. 928 46 27 02, Fax 928 46 56 27, info@canteras vistaplaya.com, http://canterasvista playa.com.

Gepflegtes Apartmenthaus gegenüber dem Canteras-Strand, 5 geräumige Apartments mit Strandblick, 4 nach hinten, gut ausgestattet, mit Küchenecke, Platz für bis zu 6 Personen. Ein guter Tipp für Familien für einen ungezwungenen Stadtaufenthalt. Preis für weniger als eine Woche: 2 Personen € 65, jede weitere Person € 11.

MASPALOMAS

Seaside Hotel Palm Beach, *Avenida del Oasis s/n, Tel. 928 72 10 32, info@ hotel-palm-beach.com.*

Luxuriöses Designerhotel in ruhiger Lage, etwa 50 Meter vom Strand und den Dünen entfernt, komfortable Zimmer, Restaurant (zwei Essenszeiten) und „Seaside-Barbecue", Pool im schattigen Garten, separater Kinder-Fun-Pool mit Rutsche, Babypool, Spielplatz,

Ein ausgiebiger Plansch im Hotelpool steht immer auf dem Programm

Miniclub (4-12 J.), Kinderhaus für Bast-
ler, Fitnesscenter, Tischtennis, Tennis,
Boccia, Darts, im Wellnessbereich (ab
16 J.) zwei Salzwasserpools und Sauna;
Schönheitssalon, Gesundheitszentrum.
€ 95-160, Kinder (3-12 J.) 40-50 Prozent
Ermäßigung.

Riu Grand Palace Maspalomas

Oasis, *Plaza de las Palmeras 2,
Tel. 928 14 14 48, Fax 928 14 11 92,
grandpalace.maspalomasoasis@riu.
com, www.riu.com.*
Gepflegtes Hotel mit direktem Zugang
zum Strand vom großen Garten aus,
drei Restaurants (zwei Essenszeiten,
gepflegte Kleidung), sehr komfortable
Zimmer, Pool mit Kinderbereich, extra
Kinderpool, Miniclub Mo-Fr (4-12 J.),
Fitnessraum, Volleyballfeld, Sportplatz,
Tischtennis, kleine Driving-Range für
Golf, Sauna, Eisbrunnen, Dampfbad; Spa
mit Hamam. € 90-130, Kinder (2-12 J.)
30 Prozent Ermäßigung.

Club Hotel Riu Gran Canaria,

*Urbanización Las Meloneras, Tel. 928
56 30 00, Fax 928 56 30 03, clubhotel.
grancanaria@riu.com, www.riu.com.*
Großzügige Hotelanlage direkt an der
Strandpromenade, 1 Kilometer zum
Dünenstrand, zwei Restaurants, Pool-
Restaurant (zwei Essenszeiten), all
inclusive, komfortabel eingerichtete
Zimmer, großzügige Badelandschaft mit
drei Pools, Kinderpool, Spielplatz, täglich
Miniclub (4-7 und 8-12 J.), Tennis, Tisch-
tennis, Boccia, kleiner Fitnessraum,
Volleyballplatz, Sportplatz, Darts. Für
Erwachsene: Animation und Hobbyclub,
Disco; Gesundheitszentrum im benach-
barten Riu Palace Meloneras Resort.
€ 95-120, Kinder (2-13 J.) 30 Prozent
Ermäßigung.

Herrlicher Blick über das Meer vom Gloria Palace Royal Hotel & Spa (S. 108)

Riu Palace Meloneras Resort, *Urbanización Las Meloneras, Tel. 928 14 31 82, Fax 928 14 25 44, palace.melo neras@riu.com, www.riu.com.* Elegantes und komfortables Hotel im Kolonialstil direkt an der Strandpromenade, 800 Meter zum Dünenstrand, zwei Restaurants (angemessene Kleidung), Pool-Restaurant, bequem eingerichtete Zimmer, sehr großer Garten mit zwei Pools, Kinderbecken, kleiner Spielplatz, Miniclub Mo-Sa (4-12 J.), Tischtennis, kleiner Fitnessraum, Sauna; Gesundheits- und Schönheitszentrum, Physiotherapie. € 70-95, Kinder (2-12 J.) 30 Prozent Ermäßigung.

Bungalows Calimera Espléndido, *Avenida del Touroperador Sunair 3, Campo Intern., Tel. 928 14 09 12, Fax 902 14 07 12, www.calimera.com.* Ruhige, architektonisch reizvolle Bungalowanlage nahe den Dünen, 800 Meter zum großen Maspalomas-Strand (Hotelbus), komfortabel eingerichtet, zwei Restaurants, all inclusive, große Gartenanlage mit zwei Pools, Kinderbecken, Spielplatz, Miniclub Mo-Sa (4-12 J., drei Altersgruppen), abends Kindertisch und Kinderdisco, in den Schulferien zusätzlich Kindershows, Kinderfeste und Aktionstage, Tennis, Tischtennis, Bogenschießen, Sportplatz, Wasserball, Boccia, Wellnessbereich mit kleinem Pool, Sauna, Solarium und Fitnesscenter. € 60-80, Kinder (2-12 J.) 50 Prozent Ermäßigung.

Dunas Suites & Villas Resort, *Avenida del Touroperador Sunair s/n, Campo Internacional, Tel. 928 14 18 00, Fax 928 14 31 31, www.hoteles dunas.com.*

Gepflegte Bungalowanlage, ruhig, 800 Meter schöner Fußweg zum Maspalomas-Strand (kostenloser Hotelshuttle), komfortabel eingerichtete Suiten und Bungalows, Restaurant (zwei Essenszeiten), Bungalows auch ohne Verpflegung möglich, all inclusive möglich, großer subtropischer Garten mit drei Pools, drei separate Kinderpools, Miniclub Mo-Fr (4-12 J.), Spielplatz, Minidisco, Tischtennis, Fitnessraum, Bogenschießen. € 55-75, all inclusive € 80-100, Kinder (je nach Alter, bis 13 J.) 30-50 Prozent Ermäßigung.

PLAYA DEL INGLÉS

Seaside Sandy Beach, *Avenida Menceyes s/n, Tel. 928-77 27 26, Fax 928-77 72 52, info@sandy-beach.es, www.seaside-hotels.com.* Komfortables Hotel, relativ ruhige Lage, Familienzimmer mit Kitchenette und getrenntem Schlafraum, 250 Meter zum Strand, bequeme Zimmer, Restaurant mit Terrasse (angemessene Kleidung), all inclusive, subtropischer Garten mit Pool, Wasserfall und integriertem Kinderbereich, Spielplatz, Miniclub (4-12 J.), Tischtennis, Boccia, Bogenschießen, Fitnessraum; Spa-Abteilung. € 100-150, Kinder (2-12 J.) 50 Prozent Ermäßigung.

Bungalows Riu Palmitos, *Avenida de los Estados Unidos (de América) 1, Tel. 928 76 64 00, Fax 928 76 31 37, www.riu.com.* Ruhige Anlage mit Reihenbungalows im hinteren Gartenbereich des Hotels Riu Palmeras, zwei Restaurants (zwei Essenszeiten, angemessene Kleidung), zweckmäßig eingerichtete Räume mit

Das Hotel Cordial Mogán Playa steht mitten im botanischen Garten

Kitchenette, Pool im Garten, Kinderpool bei den Bungalows, Spielplatz, Miniclub Aug Mo-Fr (4-12 J.) im Hotel Riu Palmeras, dort ebenfalls Tischtennis und Fitnessraum. € 65-85, Kinder (7-12 J.) 70 Prozent Ermäßigung.

IM SÜDWESTEN DER INSEL

Gloria Palace Royal Hotel & Spa, *Calle Tamara 1, 35130 Playa de los Amadores, 2 km westlich von Puerto Rico, Tel. 928 12 85 05, Fax 928 77 19 21, reservas@gloriapalaceth.com, www.gloriapalaceth.com.*
Modernes Hotel, gelungene Architektur aus Naturstein an der Steilküste mit schönem Blick über das Meer, 200 Meter zur Playa de los Amadores mit zwei Fahrstühlen, also ohne Überquerung der Straße, zwei Restaurants, all inclusive, geräumige, komfortable Zimmer, zwei Pools, zwei separate Kinderpools, Miniclub (4-12 J.), Minidisco, Fitnesszone, Tischtennis, Wellnessoase mit Pool und Sauna; Beautycenter. € 95-170, Kinder (3-12 J.) 50 Prozent Ermäßigung.

Cordial Mogán Playa, *Avenida de los Marreros 2, 35138 Playa de Mogán, Tel. 928 72 41 00, Fax 928 72 41 01, rec.hcmp@cordialcanarias.com, www.cordialcanarias.com.*
Weitläufige Anlage im kanarischen Stil, neun Gebäudekomplexe im botanischen Garten, ruhige Lage, 300 Meter zum Strand (Fußweg), zwei Restaurants mit Terrasse (angemessene Kleidung), große, komfortable Zimmer, zwei Pools mit aufgeschüttetem Sandstrand, kleiner archäologischer Park (Guanchengräber), Voliere, Kinderpool, Spielplatz, Miniclub (4-12 J.), Minidisco, Fitnessraum, Tischtennis; Wellnesanlage mit Hallenbad (ab 18 J). € 70-80, Kinder (7-12 J.) € 25.

INSELMITTE

Parador Cruz de Tejeda, *Cruz de Tejeda s/n, 35328 Tejeda, Tel. 928 01 25 00, Fax 928 01 25 01, cruztejeda@parador.es, www.parador.es.*
Stilvoller Parador in 1.560 Meter Höhe, ideal für Familien mit Kindern, die gern wandern (Wandervorschläge an der

Rezeption), wundervolle Aussicht über Berge und Schluchten bis zum Meer, Restaurant mit Inselspezialitäten und Terrassencafé, Aufenthaltsraum mit Kaminen, zweckmäßig eingerichtete Zimmer, Fitnessraum; Wellnessbereich. Nur Übernachtung € 35-75, Frühstück € 12-14, Abendessen € 20-30, Kinder (bis 12 J.) frei im Elternzimmer (Zusatzbett), Frühstück 50 Prozent Ermäßigung, Abendessen: 4 Kindermenüs je € 14 (Nachtisch mit Nachschlag), günstige Familienarrangements, z. B. Übern. mit Fr. 2 Erw. + Kind ab € 122.

Verkehr

Die Verkehrsvorschriften sind ähnlich wie in Deutschland. Höchstgeschwindigkeit in geschlossenen Ortschaften 50 km/h, außerhalb 90 km/h, auf Schnellstraßen 100 km/h, auf Autobahnen (vierspurige Straßen) 110 km/h. Für Mofas gelten generell 40 km/h. Kinder unter 12 Jahren dürfen nur auf den Rücksitzen befördert werden. Kindersitzpflicht besteht für Kinder bis 12 Jahre bzw. 135 cm bzw. 36 kg. Es herrscht generelle Anschnallpflicht. Die Promillegrenze liegt bei 0,5, für Anfänger (Führerschein unter 2 Jahre) 0,3. Es ist verboten, beim Autofahren ein Handy zu benutzen, es sei denn, das Gerät verfügt über eine Freisprecheinrichtung. Halten auf Behindertenparkplätzen oder Zebrastreifen gilt als schwerer Verstoß, ebenso das Wegwerfen von Gegenständen aus dem Auto, insbesondere wenn dadurch Brand oder Unfallgefahr besteht. Achtung, auf einheimische Fahrer achten und bei jeder Nebenstraße nach einbiegenden Fahrzeugen schauen, die Vorfahrt wird häufig missachtet.

Für Mietwagen ist ein Nationaler Führerschein nötig, der mindestens 2 Jahre alt ist. Mindestalter des Fahrers: 21 Jahre. Ganz wichtig: Auf der Insel werden alle Ausfahrten der autobahnähnlichen Schnellstraßen allmählich umbenannt, sodass sie dem Kilometerstand ab Las Palmas entsprechen. So wurde aus der Ausfahrt 27 im Süden die Nummer 72 – also nicht wundern!

Zeit

Gran Canaria hat Westeuropäische Zeit (WEZ) und liegt im Sommer wie im Winter um eine Stunde hinter der Mitteleuropäischen Zeit (MEZ) zurück.

Achtung, Zoll!

Manche Gran-Canaria-Urlauber wundern sich, wenn sie bei der Ankunft in Deutschland oder Österreich von Zollbeamten kontrolliert werden. Die Kanaren gehören zu Spanien und Spanien ist EU-Land. Also zollfrei, freier Warenverkehr, Gegenstände des persönlichen Bedarfs in unbegrenzter Menge einführen? Das gilt nicht für die Kanarischen Inseln, sie blieben Freihandelszone. Für die Einfuhr von Waren gelten also Richtlinien wie für Nicht-EU-Länder, zum Beispiel: 200 Zigaretten, 100 Zigarillos, 50 Zigarren oder 250 g Rauchtabak, 50 g Parfüm, 1 l Spirituosen mit mehr als 22 Prozent Alkohol bzw. 2 l mit weniger als 22 Prozent Alkohol.

Einkaufen & Mitbringsel

Der Tourismus hat dazu beigetragen, dass sich die Kunsthandwerker Gran Canarias wieder an ihre alten Traditionen erinnern. Das Interesse der Urlauber an einheimischen Produkten hat aber auch die Nachahmer aus China und Taiwan wachgerufen, deren Produkte oftmals Mängel aufweisen und manche Wochenmärkte überschwemmen. Um zu vermeiden, dass fremde Billigwaren den Markt verderben, wurden Geschäfte mit dem Markenzeichen **FEDAC** (Verein zur Förderung der traditionellen kanarischen Handwerkskunst) gegründet (siehe Kasten rechts). Sie fördern das traditionelle Kunsthandwerk und garantieren für Echtheit.

Beliebt für Geschenke

Zu den beliebtesten Mitbringseln, sei es als Souvenir oder als Geschenk, gehören in erster Linie Töpferwaren, die nach altkanarischer Art (alfarería tradicional) ohne Töpferscheibe gefertigt werden, z. B. Vasen, Teller, Töpfe und Ampho-

Die fünfsaitige kanarische Timple ähnelt stark der Ukulele

> ### FEDAC für Qualitäts-Garantie
> *FEDAC-Geschäfte in den wichtigsten Touristenzentren garantieren originales kanarisches Kunsthandwerk: Las Palmas, Calle Domingo J. Navarro 7, Seitengasse der Calle Mayor de Triana, Mo-Fr 9.30-13.30 und 16.30-20 Uhr, Playa del Inglés, Gebäude des Touristeninformationsbüros neben dem Einkaufszentrum Yumbo, Mo-Fr 10-14 und 16-19.30 Uhr, Maspalomas, im Einkaufszentrum Faro 2, tägl. 10-21.30 Uhr.*

ren. Diese bekommt man vor allem in **Arucas** (siehe Tour 2, S. 42). In **Ingenio** gehören Hohlsaumstickereien (calados) für Tischdecken, Servietten, Blusen und Tücher zu den beliebtesten Souvenirs sowie die kanarischen Messer (cuchillos) aus Santa María de Guía (siehe Tour 10, S. 78) für Liebhaber. Ihre Griffe werden mit aufwendigen Einlegearbeiten aus Ziegenhorn und Metall verziert.
Außer den FEDAC-Verkaufsstellen gibt es noch andere Adressen mit ausgewähltem originalem Kunsthandwerk, teils mit zusätzlichem reizvollen Angebot. Ein paar Beispiele:
Artesanía [Las Palmas, Calle Ripoche 4, etwa 20 Meter vom Parque de Santa Catalina entfernt], interessantes Sortiment, z. B. Gran-Canaria-T-Shirts,

Halsketten, Trachtenpüppchen, CDs mit Folkloremusik, scharfe Mojosoße in kleinen Gefäßen. **Perla Canaria** [Maspalomas, Einkaufszentrum Faro 2, tägl. 10-22 Uhr], schöner Perlenschmuck, auch Anfertigung nach Wunsch.

Bummel auf dem Markt

Während Mama mit Leidenschaft entlang bekannter Geschäftsstraßen bummelt, ist bei Papa und den Kids häufig nach kurzer Zeit die Luft raus. Das ist auf traditionellen Märkten meist anders. Auch Einkaufsmuffel bleiben angesichts der Schnitzereien, Flecht- und Makrameearbeiten sowie regionaler Spezialitäten interessiert stehen. Auch zeigen sich auf Wochenmärkten junge und alte Korbmacher, die Körbe, Matten, „Flaschenkleider" und Hüte aus Ruten, Binsen und Palmenblättern produzieren. Gegenstände aus Holz haben

Originelle Geschenke für kleine Freunde

Auf der Suche nach einem originellen Geschenk werden die kleinen Urlauber im Laden La Lina de Colón (Calle Colón s/n, Las Palmas, Stadtteil Vegueta, gegenüber dem Eingang zur Casa de Colón) bestimmt fündig. Ein paar ausgefallene Geschenk-Tipps für die besten Freunde: Schmuck mit Guanchen-Symbolen (ab € 3), Miniaturen der Kolumbus-Schiffe und der typischen kanarischen Balkone, auch niedliche Trachtenpüppchen.

Hochsaison, angefangen vom Rührlöffel und Wellholz bis zur komplizierten Timple, der kleinen wohlklingenden kanarischen Gitarre. Täschner bieten zu günstigen Preisen elegante Taschen, Gürtel, Etuis und Koffer an. Für die nächste Wanderung oder den Stadtbummel ist bestimmt einer der praktischen Lederrucksäcke (zurrones) zu finden. Bei Märkten gibt es auch immer wieder Buden mit Snacks, Getränken und Eis. Restaurants mit traditioneller Küche findet man oftmals in der Nachbarschaft.

Die schönsten Wochenmärkte

Die unten aufgeführten Märkte sind, wenn nicht anders angegeben, von 9 bis 14 Uhr geöffnet:
Maspalomas, Mittwoch und Samstag: Stadtteil San Fernando, rund um die Markthalle, auch Textilien. **Puerto de Mogán**, Freitag: rund um den Hafen, Souvenirs, Kleidung und Schmuck. **Vecindario**, Mittwoch: südlich von Arinaga, im Zentrum, Plaza de San Rafael, auch Spielzeug, Lebensmittel und frische Blumen. **San Mateo**, Sa 8-20, So 8-14 Uhr, Mercadillo Municipal: Lebensmittel, Kräuter, Gemüse, Obst, Honig, Käse, Backspezialitäten, Bekleidung Schuhe und Livemusik. **Teror**, Sonntag: rund um die Kirche, Kunsthandwerk, kulinarische Spezialitäten wie z. B. Chorizo de Teror (eine würzige Wurst), selbst gebackenes Brot, frische Blumen, singende Kanarienvögel. **Las Palmas**, Sonntag: im historischen Stadtteil Vegueta, Plaza de Santo Domingo, stimmungsvoller kleiner Blumenmarkt, auch Flohmarkt neben dem Parque de San Telmo, oberhalb vom Busbahnhof, viel Trödel und Kleidung, aber auch Schnäppchen.

Im Yumbo-Zentrum in Playa del Inglés gibt's ca. 200 Geschäfte

Weniger bekannt, aber trotzdem sehr reizvoll sind folgende Sonntagsmärkte: **Santa Lucía**: rund um die Kirche, klein und familiär, Flechtarbeiten aus Palmenblättern, Liköre von der Insel, Honig etc. **Santa Brígida**: Lebensmittel und frische Blumen am Parque Municipal. **Valsequillo**: in den Straßen der Altstadt, Kesselschmied und Schuhmacher zeigen ihr Geschick, es gibt u. a. auch Käse und Wein. **Gáldar**, jeden ersten Sonntag im Monat: Kunsthandwerksmarkt auf dem Kirchplatz.

Schickes für Kinder

In den Urlaubszentren des Südens gibt es zahlreiche Boutiquen mit fast allen Marken der Welt, Kleider und Kostüme von Dior bis hin zu solchen aus einheimischer Produktion. Hier gibt es niedliche Röcke, Blusen und bunte Trachten zu bewundern. Aber auch moderne Kleider finden Sie z. B. im **Yumbo Centrum in Playa del Inglés** [Avenida de E.E.U.U. 54], mit 200 Geschäften, einem Spazierpark und einem breiten Spektrum an Freizeitaktivitäten wie Bungee-Trampolin bis hin zum Bullenreiten. Wer nicht lange suchen will und gezielt Kinderkleidung oder Spielzeug kaufen möchte, wählt die zweite oder dritte Etage: **Bazar Rahul**, Lokal 232/21, tägl. 20-22 Uhr, Kindermode und T-Shirts; **Anjan Putikki**, Lokal 251/6, tägl. 9-22 Uhr, Kinder- und Damenbekleidung, junge Mode; **Juguetería Loto**, Lokal 231/13, tägl. 10-22 Uhr, Spielwaren für große und kleine Kinder; **Toys-n-Gifts Palace**, Lokal 242/12, Mo-Sa 10-13.30 und 17-22 Uhr, Souvenirs und Spielwaren.

Queso, Mojo picante, Bienmesabe und Ron

Die kanarische Küche hat manche Köstlichkeit zu bieten, mit der sich auch der heimische Speisezettel bereichern lässt. Gut verschweißt kann man es schon wagen, ein großes Stück Käse, beispielsweise Blumenkäse (Queso de Flor) aus Guía oder Valsequillo im Handgepäck nach Hause zu fliegen. Weniger kompliziert ist es, ein Kilo Gofio, das geröstete aromatische Weizen- oder Maismehl einzupacken, ein fantastisches Würzmittel für Suppen und Soßen. Nicht zu vergessen ein Glas Mojo, der scharfen, roten oder grünen Soße. Auch die verschiedenen trockenen Wurstwaren können die Urlaubserinnerung verlängern. Ein paar Süßigkeiten auf der Basis von Mandeln und Honig sind für Kinder ein fantastisches Betthupferl (siehe Tejeda, S. 65). Flüssiges ist problematischer, manche Geschäfte verpacken die Flaschen aber flugsicher, etwa eine schöne Flasche Rum aus Arucas, vielleicht sogar den zwölf Jahre alten „Ron Añejo Arehucas" (Achtung: Zollkontrolle, siehe Kasten S. 109).

Feste & Veranstaltungen

Die meisten Fiestas auf Gran Canaria sind religiöser Art, man sollte sich entsprechend zurückhaltend benehmen. Erkundigen Sie sich bei den Fremdenverkehrsämtern (siehe S. 98) rechtzeitig nach den Terminen, sie werden manchmal um Tage, sogar um eine Woche verschoben. Bei Patronatsfesten haben Gäste der Insel die Chance, die vor allem in kleineren Orten meist geschlossenen Kirchen auch von innen zu besichtigen. Aktuelle Nachrichten zu den Festen bringt die deutsche Zeitschrift „Infos Canarias" (www.infocanarias.com), in allen Touristenorten erhältlich.

Januar/Februar:
Musikfestival, Karneval und Mandelblütenfest

Am 5. Januar gibt es in vielen Gemeinden den Umzug der Heiligen Drei Könige, besonders eindrucksvoll ist in Las Palmas der Ritt auf Kamelen. Abwechselnd mit Teneriffa (Santa Cruz de Tenerife) findet im Januar und Februar das bekannte **Festival de Música de Canarias** statt. Täglich gibt es Konzerte mit berühmten Orchestern aus aller Welt. Aufführungsorte sind in Las Palmas: **Auditorio Alfredo Kraus** [Avenida Príncipe de Asturias s/n, am Südwestende des Canteras-Strandes, Tel. 928 49 17 70, info@auditorio-alfredokraus. com, www. auditorio-alfredokraus.com] und **Teatro Galdós** [Plaza Stagno 1, Tel. 928 43 33 34, info@teatroperezgaldos.es, www.teatroperezgaldos.es]. Ausgelassene Fröhlichkeit herrscht in der Hauptstadt beim **Karneval** bei groß-

artigen Umzügen und Straßenfesten rund um die Plaza de Santa Ana und im Parque de Santa Catalina. Auch in Playa del Inglés und in anderen großen Orten wird Karneval gefeiert.

Mit kanarischer Volksmusik und viel Folklore wird im Februar am ersten, zweiten oder dritten Sonntag (vorher erkundigen) entweder in Tejeda oder in Valsequillo das **Mandelblütenfest** (Fiesta del Almendro en Flor) gefeiert. Achtung Naschkatzen: Es gibt auch Kostproben typisch regionaler Produkte (z. B. Bienmesabe, siehe S. 15).

März/April:
Semana Santa, die Karwoche

Mit viel Andacht und wahrer Frömmigkeit wird die Karwoche, die Semana Santa begangen, die bereits am Palmsonntag (mit der Palmenweihe) beginnt. Absoluter Höhepunkt sind aber die Prozessionen am Karfreitag. Umzüge gibt es in

Voller geheimnisvoller Gestalten: Prozessionen während der Semana Santa

allen Gemeinden, besonders beeindruckend sind aber die in Las Palmas rund um die Kathedrale Santa Ana.

Am 29. April ziehen Fans der Geschichte und der Guanchen zur Fortaleza de Ansite (siehe S. 54), um den Tag der Unterwerfung Gran Canarias durch die Krone von Kastilien besonders emotionsgeladen zu begehen.

Mai/Juni:

Blumenteppiche zu Fronleichnam
In der ersten Maihälfte wird die Virgen de Fátima mit Bauern- und Viehmärkten in Vega de San Mateo, Gáldar, San Nicolás und auf der Montaña Cardones (Arucas) gefeiert.

Die aufwendigsten Fronleichnamsumzüge auf Gran Canaria gibt es in Las Palmas und Arucas. Hausfassaden und Balkone werden mit Girlanden, Fahnen, Körben und Webarbeiten geschmückt, die Straßen mit Teppichen aus bunten

Bunte Blumenteppiche werden zu verschiedenen Festen aufgeschüttet

Sägespänen, Eierschalen, farbigem Salz und Blumen.

Am 24. Juni hat Las Palmas de Gran Canaria sein Stadtgründungsjubiläum mit viel Kulturprogramm und Sportfesten. Geschäfte und Museen sind an diesem Tag geschlossen.

Juli/August:

Santiago el Chico und die Jungfrau vom Schnee
Die Fiestas del Carmen finden am 16. Juli mit großem Folkloreprogramm im Hafenviertel von Las Palmas, in Gáldar und San Bartolomé statt.

Am 20. Juli gibt es in San Bartolomé (Tunte) eine Wallfahrt (romería) zu Ehren des kleinen, viel verehrten Santiago el Chico (siehe S. 52).

Der heilige Santiago de los Caballeros wird am 25. Juli in Gáldar mit volkstümlichen Prozessionen geehrt. Die Straßenfeste mit viel Folklore und Lucha Canaria, dem kanarischen Ringkampf, dauern zwei bis drei Wochen.

Teils wild, teils volkstümlich-religiös wird am 4. August in Puerto de las Nieves und Agaete (siehe S. 77) das Fest der Kiefernzweige, die Bajada de la Rama, veranstaltet.

Am 5. August begleiten die Canarios eine Kopie des Bildes der „Jungfrau vom Schnee" von der Kapelle in Puerto de las Nieves nach Agaete, am 17. August wird das Bildnis mit Musik, Tanz und Feuerwerk wieder zurückgebracht.

Eines der größten Volksfeste ist das Asunción de la Virgen (Mariä Himmelfahrt) am 15. August in Santa María de Guía.

Am vorletzten Sonntag im August bringt man die Virgen de la Cuevita in Artenara von der Bergkapelle zur Kirche und am letzten Sonntag wieder zurück.

September/Oktober:
Wallfahrt, Tümpelfest und Stockkampf

Abordnungen aller Orte ziehen am 8. September mit typischen Produkten (Obst und Gemüse, Fisch, Käse, Kunsthandwerk) nach Teror (siehe S. 40), um ihre Gaben zu Füßen der festlich geklei-

deten Nuestra Señora del Pino niederzulegen. Die traditionelle Wallfahrt nach Teror beginnt in Tamaraceite.

Hoch her geht es in San Nicolás vom 7.-11. September bei der Fiesta del Charco (Tümpelfest), genauer in Puerto de la Aldea, 4 Kilometer nordwestlich des Ortes. In einer Lagune werfen sich die Menschen angezogen gegenseitig ins Wasser – hier können auch Touristen mitmachen! – und sie versuchen, mit den Händen Fische zu fangen, dazu gibt es altkanarische Wettkämpfe.

Am 5. Oktober messen sich zu Ehren der Virgen del Rosario (Jungfrau vom Rosenkranz) vielerorts junge Canarios beim altkanarischen Stockkampf Juego de Palo und bei der Lucha Canaria.

November/Dezember:
Lichterfeste und weihnachtliche Krippenspiele

An verschiedenen Tagen von Mitte Dezember bis Februar, vor allem bei Festen, ziehen die älteren Männer von Teror beim Rancho de Ánimas mit Musik und kanarischen Liedern durch die Straßen. Dabei wird Geld gesammelt, um Messen für die armen Seelen abzuhalten, die im Fegefeuer schmoren.

Im Dezember ist in Las Palmas am Canteras-Strand eine Weihnachtskrippe aus Sand zu sehen.

Am 13. Dezember wird in Santa Lucía nach schwedischem Vorbild die Fiesta de la Luz (Lichterfest) veranstaltet.

Am 1. Weihnachtsabend gibt es in Veneguera bei Mogán ein sehenswertes Krippenspiel.

Am 31. Dezember veranstaltet Playa del Inglés die Carrera de San Silvestre, einen Volkslauf für Jung und Alt.

Flora & Fauna

Auf den Kanarischen Inseln gedeihen Pflanzen, die in Europa seit 20 Millionen Jahren ausgestorben sind. In klimatisch idealer Lage, mitten im Atlantik, blieben die Inseln von eiszeitlichen Klimakatastrophen verschont. Hinzu kommt die Passatwolke, die den höheren Inseln ständig Feuchtigkeit liefert.

Datteln und Wolfsmilch

In der unteren Zone gedeiht neben der Kanarischen Dattelpalme auch der bis zu 20 Meter hohe Drachenbaum. Man nennt diesen Bereich auch Sukkulenten-Formation nach den Dickblattgewächsen. Der Name sagt es schon: Diese Pflanzen sind an den dicken, fleischigen Blättern zu erkennen. In ihren Blättern, Ästen und Wurzeln sammeln sie einen Wasservorrat. Vor allem an Felswänden und auf alten Dächern ist das Aeonium zu finden, bei uns als Hauswurz bekannt. Aus den gleichmäßigen Rosetten schießt ein dicker Stiel nach oben, an dessen Ende sich eine Pyramide mit gel-

Das Kanarische Aeonium ist ein wahrer Überlebenskünstler

Einwanderer aus Mittel- und Südamerika

Aus Mexiko kommt die Poinsettie (nach dem amerikanischen Botaniker Joel Roberts Poinsett), der beliebte Weihnachtsstern, ebenfalls ein Gewächs mit Wolfsmilch in den Adern. Übrigens: Was eine leuchtend rote Blüte vortäuscht, sind die Hochblätter, die Blüte selbst sitzt unscheinbar inmitten der roten Pracht. Südamerika ist auch die Urheimat der Agaven und Opuntien. Die Amerikanische Agave, ursprünglich für die Sisalgewinnung eingeführt, fällt durch den bis zu acht Meter hohen Blütenschaft mit den grünlich-gelben Blütenbüscheln ins Auge. Vom auch Opuntie genannten Echten Feigenkaktus werden die roten Früchte geerntet. Das leckere Fruchtfleisch muss aber mit Vorsicht herausgeschält werden, denn in der Schale stecken Hunderte kleinste Stacheln mit Widerhaken, die sich schmerzhaft in die Haut bohren.

ben Blütensternen befindet. Die größte und häufigste Art ist die Gold-Greenovia. Außerdem gehört zur unteren Zone die Familie der Wolfsmilchgewächse (Euphorbien). Am weitesten verbreitet ist die Balsam-Wolfsmilch. Ihr Milchsaft ist ungiftig, die Einheimischen nennen den Busch Tabaiba. In seiner Nachbarschaft wächst die zum Verwechseln ähnliche Oleanderblättrige Kleinie (nach dem Entdecker Klein und der Form der Blätter). Bei den Einheimischen heißt die Pflanze Verode, sie birgt keine Milch unter der Haut, sondern wasserähnlichen Saft in den Ästen. Verwechslungsgefahr herrscht auch bei der Kanaren-Wolfsmilch, wegen ihrer Form auch Säulen-Euphorbie genannt, kanarisch Cardón. Mit ihren vielen Stacheln ähnelt sie einem Kaktus und wird ohne Aufklärung auch häufig in diese Familie versetzt. Nur beim Ritzen der Haut beweist die Milch ihre Zugehörigkeit. Doch Vorsicht, Jungbotaniker, bitte zurückhalten: Die Flüssigkeit ist stark giftig, außerdem steht der Cardón unter Artenschutz.

Noch eine Täuschung: Auf Wanderungen über die Inseln begegnet uns häufig der Sonchus, von Laien schnell als Löwenzahn eingeordnet. Gänsedistel heißt jedoch die Gattung, deren gelbe Blüte der des Löwenzahns ziemlich ähnlich sieht, auch die gezackten Blätter führen in die Irre. Unter den mehr als 20 auf die Kanaren beschränkten Arten, gibt es niedrig wachsende wie die Breitschuppige Gänsedistel (Gran Canaria). Andere schießen bis zu Menschengröße in die Höhe, wie die Kanaren-Gänsedistel (Gran Canaria und Teneriffa).

„Wolkenmelker" unter Schutz

Die für Gran Canaria so wichtige Kanarenkiefer gedeiht zwischen 900 und 1.500 Meter Höhe. Die wichtige Rolle der Kiefer als Wasserlieferant stoppte die lange Zeit übliche Abholzung für Bauzwecke. Die endemische, also nur auf den Kanaren wachsende Kiefer, zeichnet sich nämlich durch ihre bis zu 30 Zentimeter langen Nadeln aus. So entsteht eine große Fläche für die Kondensation der fast täglich über die Bergkämme streifenden Passatwolken. „Wolkenmelker" heißen die Kiefern deshalb. Die Tropfen sickern durch die Nadelschicht am Boden und sammeln sich in großen Basaltkammern. Dort wird das Wasser durch „Galerías" (horizontale Stollen) angezapft und in der Landwirtschaft genutzt.

Im oberen Bereich der Insel leuchtet es immer wieder gelb aus dem Wald. Das sind aus der Ginsterfamilie einmal die Kleinblättrige Teline und die Kanaren-Teline, beide dornenlos. Gelb blüht aber auch der auf den Kanaren eingebürgerte Europäische Stechginster, sein Name ist Programm: Alle Blätter sind dornig.

Sonchus, der gelbe Sonnenanbeter, wird oft mit Löwenzahn verwechselt

Die Fauna auf Gran Canaria

Es gibt keine giftigen Tiere, keine Schlangen und Skorpione auf den Kanaren. Wenn es im Gras oder im Laub raschelt, dann sind es kurzbeinige Blindschleichen, hüpfende Springschrecken oder kleine Eidechsen. Dafür gibt sich die Tierwelt der Insel nicht besonders artenreich, am vielfältigsten ist die Vogelwelt. Der Wanderer begegnet in den kleinen Weilern der putzigen Blaumeise und frechen Amseln, in den Schluchten wendigen Mauerseglern, auf dem Weg zu den Höhen kreisenden Turmfalken und Bussarden. Im Kiefernwald klopft der Specht, an der Küste sind Möwen und Ibisse zu entdecken, bei den Bananenplantagen steht stolz der Wiedehopf (kanarisch Abubilla) mit seinem Federschopf auf dem Kopf.

Vergebliche Suche nach dem Harzer Roller

Nach einem Vogel der Finkenfamilie halten Besucher der Insel besonders häufig Ausschau: dem Kanarengirlitz, besser als Kanarienvogel bekannt. Wer ihn dann entdeckt, ist tief enttäuscht. Der echte Kanarienvogel hat nämlich ein spatzenähnliches, graubraunes Gefieder und eine grüngelbe Brust und kann nur ein klägliches „piu-piu" von sich geben. Den gelben, trillernden „Harzer Roller" hingegen haben Tiroler Bauern gezüchtet. Einige wanderten in den Harz aus und so bekam der manipulierte Kanarienvogel seinen neuen Namen.

Schmetterlinge und Insekten

Wo es Nektar gibt, flattern auch Schmetterlinge, beispielsweise der Canary Blue, endemisch von Geblüt. Der Kanarische Admiral mit seinen eckigen Flügeln und der tiefgelbe bis orangerote Zitronenfalter fallen auf, und wer Glück hat, entdeckt den Monarchfalter mit einer Flügelspannweite von bis zu zehn Zentimetern. Die Welt der Insekten soll mit rund tausend Arten vertreten sein. Aus den Wiesen tönt das Balzgeräusch der

Die kleine Kanareneidechse ernährt sich von Pflanzen und Insekten

männlichen Grillen und Zikaden. Heuschrecken hüpfen durch das Gras, langbeinige Käfer humpeln hektisch über die Blätter. Auf Büschen mit honigsüßen Blüten summen Bienen und Hummeln und es haben sich auch naschsüchtige Ameisen eingefunden. Die Wespen der Inseln haben kein schwarz-gelbes, sondern ein schwarz-oranges Kleid.

Land und Wasser

Die Welt der Säugetiere ist dünn gesät. Wildkaninchen hoppeln umher und sind als Conejo en Salmorejo ein Leckerbissen auf dem kanarischen Speisezettel. Die auf den Inseln seit der Guanchenzeit heimischen Ziegen müssen aus Gründen des Pflanzenschutzes in Gattern gehalten werden. Bleibt noch ein Blick auf den Atlantik: Hochseeangler suchen den Kampf mit dem Blauen Marlin, angeln Schwertfische, Thunfische, Blauhaie, Blaubarsche und viele andere Fische. Aus den Wellen tauchen Delfine und Pilotwale auf, Fliegende Fische schwirren über das Wasser und begleiten die Ausflugsboote.

Wer in die wunderbare Unterwasserwelt eintaucht, findet neben Angst einflößenden Muränen vor allem mehrarmige Tintenfische, träge Meeresschildkröten, aufgeblasene Kugelfische, räuberische Barrakudas, giftige Stachelrochen, lang gestreckte Trompetenfische, auch neugierige, mit kräftigen Zähnen ausgerüstete Drückerfische. Für die Küche bietet das Meer den Vieja, den Papageifisch, ähnlich beliebt sind Meeräsche, Meerbrasse und Zackenbarsch. Die Muräne gilt als Leckerbissen und auch der Bonito, eine kleine Thunfischart, steht auf vielen Speisekarten.

Die Rückkehr der Vertriebenen

Wenigstens eine der vielen Umweltsünden im Süden Gran Canarias haben Naturschützer einigermaßen repariert: die neben den Dünen quellende Charca de Maspalomas, ein Lagunensee, der vom Wasser eines Barrancos und von der überschwappenden See gespeist wird. Rücksichtslos wurde in früheren Jahren der Barranco verbaut, Palmen gefällt, der See mit Schutt und Müll gefüllt. Lagunenvegetation und Vogelwelt verschwanden.

In den 1990er-Jahren begann ein Umdenken, man hob Müll und Moder aus, überließ die Charca sich selbst und die Natur regenerierte sich. So siedelte sich im Brackwasser wieder ohne Zutun der Menschen ein Schilfgürtel an und viele Vögel und Fische kamen zurück. Schon jetzt schwimmen wieder typische Fische der Küstengebiete im Wasser, 17 Arten aus zehn Familien. Und von der einstigen Schar der Zugvögel wurden bereits gesichtet: der winzige Sanderling, der Regenbrachvogel mit krummem Schnabel, der still sitzende Graureiher, der plötzlich nach Fischen schnappt, der Steinwälzer, der seine Beute unter Steinen sucht, und der Seidenreiher mit den typischen Schmuckfedern am Hinterkopf aus der Familie der Fischreiher. Von den Wasservögeln haben sich wieder angesiedelt: Teichhuhn und Blesshuhn, die sich von Wasserpflanzen ernähren, sowie der Seeregenpfeifer, der am Boden nistet. Inzwischen hat ein starker Sturm den See vergrößert und den Zugang zum Meer verschüttet. Nun wird überlegt, wie der alte Zustand wiederhergestellt werden kann.

Geschichte

Woher kommen die Guanchen?

Vor rund 5.000 bis 3.000 Jahren erreichten unterschiedlichen Theorien nach verschiedene Stämme aus Südwesteuropa und Nordafrika die Kanarischen Inseln. Einer der Stämme, die Gabel-Guanxeris, besiedelten Teneriffa und La Palma (daher angeblich der Name Guanchen). Zwischen 500-200 v. Chr. sind die Berber als Besiedler nachgewiesen.

Entdeckt und wieder vergessen

Nach Plinius dem Älteren hat es im 1. Jh. eine erste Expedition des mauretanischen Königs Juba II. auf die Kanarischen Inseln gegeben. Sie sollen dort Hunde gesichtet haben und tauften das Archipel „Inseln der Canes" nach lat. canis für Hund. Nach anderen Deutungen gab der berberische Stamm der Canarii der Inselwelt ihren Namen (siehe Kasten rechts).

Im 6. bis zum 9. Jh. erlebten die Kanaren weitere Einwanderungen aus

Das Mundo Aborigen ist ein nachgebautes Guanchendorf (siehe S. 91)

Wer gab den Kanaren ihren Namen?

Die bisherige Deutung des Namens Kanaren war, dass die ersten Besucher angeblich große Hunde (lat. canis) auf der Insel gesehen hätten. Aus der „Insel der Hunde" habe sich allmählich der Name Kanaren entwickelt. Nun kommt aber eine neue Theorie auf: 40 n. Chr. besiegten die Römer Mauretanien unter König Juba II., der sich nach der Ermordung seines Sohnes ergeben hatte. Doch ein Volksstamm mit dem libyschen Namen „knr" (ohne Vokale) meuterte weiter. Den Namen der Aufsässigen konnten die Römer nicht aussprechen und machten daraus „canar". Schließlich wurde der Stamm auf die westlich von Mauretanien liegenden Inseln deportiert und Rom nannte die Inseln mit den Knr-Menschen „Canarii".

Afrika durch Berberstämme auf den östlichen Inseln. 999 bereiste der Maure Ben Farouk Gran Canaria und besuchte in Gáldar den Inselfürsten. Nach seiner Rückkehr erzählte Farouk in Lissabon von der fruchtbaren Insel.

Wiederentdeckung und Beutezüge

Erst 1312 landete der Genuese Lanceloto Malocello vom Wind abgetrieben auf dem heutigen, nach ihm benannten Lanzarote und blieb dort bis 1330. Erst nach seiner Rückkehr wurde die Existenz der Kanaren in Europa wirklich bekannt und es begannen regelrechte Raubzüge. Der portugiesische König Alfons IV. gab 1340 bis 1342 den Auftrag, den Archipel zu kartografieren. Portugiesen, Spanier und Genueser unternahmen Beutezüge auf die Kanaren, die sie als Handelsfahrten tarnen.

Ein Papst vergibt die Krone

Papst Clemens VI. erhob 1342 Anspruch auf das Bistum El Teide. 1344 kaufte der Kastilier Don Luis de la Cerda vom Papst gegen reichlich Gold das Recht, als König über die Kanaren herrschen zu dürfen. Die Feinde Kastiliens protestierten, es entstand ein gewisser Freiraum der Mächte, welchen Piraten und Abenteurer nutzten, um die Inseln auszurauben und die friedlich gesonnenen Einwohner als Sklaven zu verschleppen. 1402 schloss der normannische Edelmann Jean de Béthencourt einen Friedenspakt mit Lanzarote und eroberte Fuerteventura sowie Hierro im Auftrag Heinrichs III. von Kastilien. 1461 wurden Landungsversuche auf Gran Canaria von den Ureinwohnern zurückgeschlagen und die kastilischen Soldaten vernichtet.

Eroberung der großen Inseln

General Juan Rejón startete 1478 im Auftrag der kastilischen Krone, um Gran Canaria zu bezwingen. Die Guanchenkönige Tensor Semidán von Gáldar und Doramas von Telde schlossen sich zusammen, mussten sich aber nach fünf Jahren langer, erbitterter Kämpfe der spanischen Übermacht ergeben. 1480 schickte Königin Isabella I. von Kastilien Gouverneur Pedro de Vera auf die Insel,

der die Altkanarier schikanierte. 1481 wurde der Guanchenkönig Doramas durch eine List getötet, Tensor Semidán nach Spanien verschleppt und dort getauft. Er sollte die letzten Altkanarier zur Taufe überreden. Nach dem dramatischen, freiwilligen Sturz von der Fortaleza de Ansite (siehe S. 54) im Jahr 1483 wurde Gran Canaria endgültig unterworfen. Daraufhin wurde das Land unter Soldaten, spanischen Siedlern und den wenigen übergelaufenen Altkanariern aufgeteilt. Auf Teneriffa kapitulierten die Guanchen erst 1496.

Vertreibung, Piraterie und Sklavenhandel

Auf der Reise, die statt wie geplant nach Indien zum nordamerikanischen Konti-

Denkmal für die Ureinwohner im Parque Doramas in Las Palmas

> ### Teresa de Bolívar aus Teror
> *Simón Bolívar befreite sein Heimatland Venezuela sowie Bolivien und Peru von der spanischen Herrschaft (ab 1813). Schon 1802 heiratete er Doña Maria Teresa, eine junge Kanarierin, deren Vorfahren aus Teror stammten. Ihr zu Ehren wurde gegenüber der Kirche Nuestra Señora del Pino von den Bewohnern des Städtchens die kleine, gemütliche Plaza Teresa de Bolívar eingerichtet, ein Ruheplatz mit einer Büste des Unabhängigkeitskämpfers Simón Bolívar.*

nent führte, machte Kolumbus 1492 Station in Las Palmas de Gran Canaria, um seine drei Schiffe für die Weiterreise mit Vorräten zu füllen und auszurüsten. In dieser Zeit (1492-1496) wurden Tausende von Juden aus Spanien und Portugal vertrieben, von denen viele sich auf Gran Canaria niederließen.

Trotz Einspruch der katholischen Könige Kastiliens wurden seit 1500 auf die Inseln schwarze Sklaven aus Afrika für den Anbau von Zuckerrohr verschleppt. Nach dem Zuckerrohr wurde der Malvasierwein wichtigstes Handelsgut. Piraten überfielen immer wieder die Inseln, viele Siedlungen wurden zerstört und ausgeraubt. 1595 versuchte der britische Pirat Sir Francis Drake vergeblich, den Hafen von Las Palmas zu erobern. 1678 mussten viele kanarische Familien auf Befehl des Königs ihre Heimat verlassen, um die Neue Welt zu besiedeln.

Aufschwung bis zum Putsch

1820 wurde Las Palmas Hauptstadt der Insel, ab 1830 war die Züchtung der Cochenille-Schildlaus zur Gewinnung des roten Farbstoffs Karmin wichtigster Wirtschaftszweig. Mitte des 19. Jahrhunderts begann der Niedergang des Zuckerrohranbaus und der Weinkulturen, viele Canarios wanderten in der Not nach Mittel- und Südamerika aus. 1852 erhielten die Kanarischen Inseln den Status einer Freihandelszone, Las Palmas wurde Freihandelshafen. 1927 erfolgte die Aufteilung der Kanaren in zwei Gruppen: Las Palmas de Gran Canaria wurde Hauptstadt der Ostprovinz, zu der auch Lanzarote und Fuerteventura gehören. Generalísimo Franco versammelte 1936 auf Teneriffa seine Anhänger und plante von dort aus den Militärputsch gegen die republikanische Regierung in Madrid, womit er den Beginn des Spanischen Bürgerkrieges einläutete.

Beginn des Tourismus und der Demokratie

In den 1960er-Jahren begann im Süden der Insel der Tourismus im großen Stil und startete einen Boom im Hotelbau. Nach Francos Tod 1975 wurde Juan Carlos I. zum König proklamiert und ließ am 7. Dezember 1978 eine neue demokratische Verfassung vom Volk absegnen. 1982 wurden die Kanaren autonom und 1986 trat Spanien der damaligen EG bei, mit Sonderstatus für die Kanaren. Erst 1992 wurden die Kanarischen Inseln voll in die umbenannte EU integriert, jedoch blieben die alten Zollbestimmungen auch für EU-Länder bestehen (siehe Kasten S. 109).

Sport

Golf

Gran Canaria verfügt inzwischen über acht Golfplätze, landschaftlich ideal platziert. Die vier beliebtesten:

Anfi Tauro Golf, *Valle de Tauro s/n, Mogán, 18- und 9-Loch. Tel. 928 56 04 62, www.anfi.com.*

Oasis Golf, *GC 1, Telde, 18-Loch, mit Flutlichtanlage, für Anfänger und Kinder geeignet, Tel. 928 68 48 90.*

Las Palmeras Golf Sport Urban Resort, *Las Palmas, Avenida Doctor Alfonso Chiscano Díaz s/n, 18-Loch, Tel. 928 22 23 33, www.laspalmeras golf.com.*

Real Club de Golf de las Palmas, *Carretera de Bandama, Santa Brígida, 18-Loch, Tel. 928 35 01 04, www.realclubdegolfdelaspalmas.com. Ältester Golfclub Spaniens (1891).*

Segeln, Windsurfen, Kiting

Segler und Surfer finden in Gran Canarias Süden besonders gute Windverhältnisse. Windsurfer bevorzugen im Südosten den Küstenstreifen von Bahía de Pozo Izquierdo (südlich von Arinaga)

Im Real Club de Golf de las Palmas wird seit 1891 abgeschlagen

Bowling Center Punto Zero

Für die ganze Familie und den Freundeskreis ist die Bowling-halle in der Holiday World (siehe S. 21) mit 16 Bahnen eine sportliche und auch lustige Abwechslung. Angeschlossen sind Bar und Cafeteria sowie ein Spielerservice wie Bowling-schuhwerk etc. Spezielle Angebote für Familien machen das Bowlingspiel unterhaltsam und preiswert. Avenida del Tour-operador Tuí s/n, Maspalomas, Tel. 928 73 04 98, bowling@ holidayworld-maspalomas.com, Mo-So 10 Uhr bis nachts.

bis zur Playa de Tarajalillo (oberhalb von San Agustín). Auf der anderen Seite der Südküste wuchs Puerto Rico für alle Wassersportarten zum begehrten Zentrum heran. Segler finden dort eine gute Adresse:

Sail & Surf Overschmidt, *deutsch-sprachiger Surf/Kite- und Segelunterricht, Tagestouren, Bootsverleih, Tel. 928 56 52 92, www.segelschule-gran canaria.de, Anfängerkurse ab € 90, mit Voranmeldung.*

Sporthäfen

Gut ausgestattet mit allen wichtigen Einrichtungen sind:

Muelle Deportivo de Las Palmas de Gran Canaria, *Las Palmas, Tel. 928 24 41 01, www.puertos decanarias.com.*

Club de Yates Pasito Blanco, *Carretera General del Sur, Pasito Blanco, Tel.*

928 14 21 94, www.pasitoblanco.com.
Puerto Deportivo Puerto Rico,
Tel. 928 56 11 41, www.puertos
decanarias.com.
**Puerto Deportivo de Puerto de
Mogán,** Tel. 928 56 51 51, www.
marinamogan.com.
Puerto Deportivo de Arguineguin,
Avenida del Puerto, Arguineguin,
Tel. 928 73 64 41, www.puertosde
canarias.com.

Tauchen

Taucher bevorzugen Gran Canarias
Unterwasserwelt vor allem wegen des
warmen Wassers. Kurse gibt es schon
für Kinder ab 8 Jahren ab etwa € 165.
Bekannte Tauchzentren sind u. a.:
Centro Turístico de Buceo Sun-Sub,
Playa del Inglés, Tel. 928 77 81 65,
www.sunsub.com.
**Top Diving, Puerto Escala/Puerto
Rico,** Tel. 928 56 06 09,
www.topdiving.net.

Mountainbiking, Radfahren

Zweiräder werden in allen Ferienorten
der Costa Canaria vermietet. Für ein
normales Stadtrad bezahlt man etwa € 7
für einen Tag, ein Mountainbike kann
mit € 13 zu Buche schlagen. Empfehlenswerte Adressen:
Happy Biking, IFA Hotel Continen-
tal, Avenida de Italia 2, Playa del
Inglés, Tel. 928 76 68 32, www.
happybiking.com. Radverleih,
geführte Touren auch für Familien.
Moto & bike, Avenida de Gran
Canaria 32, Edificio Habitat, Local 1,
Maspalomas, Tel. 928 77 33 31, www.
motorent.eu. Verleih von Fahrrädern,
Rollern und Motorrädern.

Jeepsafaris

Fast jeder Reiseveranstalter
bietet Jeepsafaris vor Ort an
(siehe Tour 5, S. 55). Wer sich
unabhängig machen oder ohne
Veranstalter an einer Safari
teilnehmen möchte, wendet
sich an: **Canex** (Canarian
Excursions), Edificio Prisma, Local 50, neben Hotel Riu Palace
Maspalomas, Playa del Inglés,
Tel. 928 77 20 58, canex@
canex94.com. Teilnehmerpreis
€ 48, Kinder (4-11 J.) € 24.

Elemi & Lino's Bike, Einkaufszentrum
Faro 2, Maspalomas, Tel. 928 76 87
41, www.linosbike.com. Verleih von
Fahrrädern und Mountainbikes,
große Auswahl.
Biker erhalten in Geschäften, die Moun-
tainbikes verleihen, viele gute Tipps für
Touren.

Reiten

Ein ganz besonderes Urlaubserlebnis für
die ganze Familie ist ein genüsslicher
Ausritt an Gran Canarias Stränden, für
Fortgeschrittene bietet sich der Ritt
in die Bergwelt der Insel und durch
Lavafelder an. Für einstündige Ausritte
kann man meist etwa € 30 einplanen,
bei zwei Stunden € 40. Hier ein paar
ausgesuchte Adressen, die sowohl Reitstunden für Anfänger als auch Touren
für Fortgeschrittene in deutscher Sprache anbieten:
Happy Horse, Lomo de la presa
Calderin alto, 10 Min. mit dem Auto
von Maspalomas, Tel. 679 86 70 57,

www.happy-horse.org. In einsamer Lage, für Anfänger und Fortgeschrittene, Kinder können auf Wunsch auf dem Pferd geführt werden, Touren in die Bergregionen.

Finca Hipisur, Lomo Los Azules 31, Maspalomas, Tel. 928 14 31 46. Reitunterricht für Anfänger und Fortgeschrittene, Reitausflüge auch für Unerfahrene, Ponys.

Finca Monica, Mona Janke, Barranco del Cura 28, Mogán, Tel. 928 15 30 59, mobil 619 71 00 27, www.fincagran-canaria.com. Reitstunden und Ausritte, auch andere Aktivitäten, z. B. Bogenschießen.

Wandern

In den Touristenbüros ist Informationsmaterial über Wanderwege erhältlich, in Puerto Rico beispielsweise die ausführ-

Gute Schuhe, Verpflegung und ein Wanderstab – die Tour kann beginnen

liche Wanderkarte „Costa Mogán – Touristische Wanderwege".

Über geführte Wandertouren informieren die Touristenbüros und viele Hotels. Organisierte Wanderwochen mit ausgebildeten Bergführern bietet die **ASI** [Alpinschule Innsbruck, In der Stille 1, A-6161 Natters/Tirol, Tel. +43 512 54 60 00, info@asi.at, www.asi.at] an. Auch organisierte Wochentouren mit dem Mountainbike sind bei ASI möglich. Ein ausgesuchtes Wanderprogramm im Norden und im Süden, das auch auf Familien mit Kindern ausgerichtet ist, bieten **Roland und Jörg**. Vorherige telefonische Absprache der Tour erwünscht [Roland Weimer & Jörg Kroker, Carretera de los Portales 45, 35412 Los Portales (bei Arucas), Tel. 928 63 81 22, Mobil 639 41 38 54, roland@vitaltrend.com, www.grancanariamitroland.de und www.wandern-grancanaria.de].

Gruppenwanderung ab 10 Jahren

Jeden Sonntag trifft sich eine bunte Gruppe, um mit geschulten Führern Gran Canarias Landschaften zu erkunden. Kinder ab 10 Jahren sind willkommen. Nicht vergessen: Schuhe mit dicken Sohlen, Rucksack mit Essen und Getränken (Picknickpause), Windjacke. Treff: So 8 Uhr, C. C. Ancora Arguineguin, Anmeldung vor Fr 12 Uhr, Dauer 5-7 Stunden, pro Person € 20. **Grupo Montañero de Mogán**, Calle Teguise 75, 35120 Arguineguin, Tel. 929 73 53 26, www.trekkingmogan.com.

Verlag: COMPANIONS GmbH,
Am Sandtorkai 73, 20457 Hamburg,
Tel. 040-306 04-600,
Fax 040-306 04-690,
E-Mail: info@companions.de,
Internet: www.companions.de

Autor: Gottfried Aigner
Lektorat und Schlussredaktion:
Marta Braun
Schlusskorrektur: Kerstin Gonsior

Titelgestaltung und Layout:
Cornelia Prott

Wir danken Anne-Kristin Karst
und Theresa Gerland für ihre Mitarbeit.

Druck und Bindung:
DZA Druckerei zu Altenburg GmbH

Bildnachweise:
Titelfoto: Masterfile RM
Alle Fotos: Gottfried Aigner, außer:
iStockphoto.com/Daniela Andreea
Spyropoulos S.1, Nana Claudia Nenzel
S. 4, panthermedia.net/Werner Weber
S. 17, pixelio.de/Robert Babiak S. 22,
pixelio.de/Doreen S. 27, shutterstock.
com/maigi S. 72, shutterstock.com/
Nicholas Peter Gavin Davies S. 74, 75,
iStockphoto.com/Philip Lange S. 78,
pixelio.de/Robert Babiak S. 81, Fotolia.
com/ sdvonmb S. 84, Sioux City S. 87,
Fotolia.com/Christian Weninger S. 94,
Museo y Parque Arqueológico Cueva
Pintada S. 95, panthermedia.net/Stefanie
Anthes S. 97, Fotolia.com/Angel Simon
S. 113, iStockphoto.com/Alessandro Dal
Maso S. 114
Karte: Karthographiebüro Jochen Fischer

Der Autor dankt seiner Frau und Kollegin Nana Claudia Nenzel für die hervorragende Organisation, ihre effiziente Beratung und die kollegiale Mitarbeit.

ISBN 978-3-89740-682-7